小沐吉尔 著

竹下登 卷

世界政要御人方略

山东文艺出版社

曹亚军 译

图书在版编目（CIP）数据

世界政要御人方略　竹下登卷／［日］小林吉弥著；曹亚辉译：—济南：山东文艺出版社，2003.11
　ISBN　7－5329－2147－6

　Ⅰ. 世… Ⅱ. ①小…②曹… Ⅲ. 竹下登—政治—谋略—研究 Ⅳ. K833.137=5

中国版本图书馆 CIP 数据核字（2003）第 026940 号
图字：15－2003－031

《竹下登　不敗の人間收攬術》
ⓒ〈小林吉弥〉〈2001〉
All rights reserved.
Original Japanese edition published by KODANSHA LTD.
Simplified Chinese character translation rights arranged with KODANSHA LTD.

主管部门	山东出版集团
集团网址	www.sdpress.com.cn
出版发行	山东文艺出版社
电子邮箱	sdwy@sdpress.com.cn
印　　刷	山东人民印刷厂
地　　址	济南经九路胜利大街 39 号
版　　次	2003 年 11 月第 1 版 2004 年 3 月第 2 次印刷
规　　格	开本／32　890×1240 毫米 印张／6　插页／2　千字／107
印　　数	5001－10000
定　　价	18.00 元

译者的话

本书是日本当代政治评论家小林吉弥先生新近推出的力作之一。书中以人心收揽术为主线，较为全面地展示了竹下登这一人物的政治人生。

说起竹下登，对我国的读者来说，名字并不陌生，但对其人其事，却恐怕了解不多。就是说，他的知名度，同日本原首相田中角荣及当今的小泉纯一郎首相等无法相提并论。

那么，在日本又是怎样一种情形呢？据说，提到他的名字，人们首先想到的一个词就是"狡猾"。可见，即使是日本人，对他的了解也有片面之嫌。

从这个意义上说，小林先生这部作品的问世，对日本读者来说，可以让他们对竹下的领导智慧，特别是他的"人心收揽术"，有一个全面的了解和认识；并在此基础上，对这种竹下式的"狡猾"乃至竹下这一人物有一个重新评价。

相信本书同中国读者见面后，可以使我们对竹下这个人物从陌生走向熟悉。而让广大读者朋友从中汲取积极的、有用的东西，是我们翻译、介绍此书的最终目的。

本书首先对各位身为领导的朋友以及将来有志于此的青少年朋友有参考意义，这是不言而喻的。不仅如此，对生活在社会中，免不了与人打交道的普通人，也有着重要的参考意义。

可以看出，本书作者是带着对小泉式领导手法的强烈关注写作此书的。书中处处表现出了对小泉政权的担忧。这是因为，小泉缺乏作为一个政治家、领袖人物所应具备的"细心与关照"、"忍耐与沉默"精神。而这些，在竹下身上却表现得淋漓尽致。

历史已经把我们带入到了一个个性张扬的时代。在这样的时代里，不再有人轻易低下自己高贵的头，心甘情愿地被人管理。在这样的时代里，身为领导者，要想运作组织，光靠才华和权力已经很难从根本上奏效。然而，不是说，这样的时代领导者们就无计可施，要知道对策永远是有的。竹下的政治人生会为您提供很多有益的参考。

同样，在这样一个时代里，不仅是上司与部下，就是普通人之间的交往也变得越来越难。相信竹下式的细心、关照、忍耐、克制、沉默等一系列精神法宝，会对我们有所启迪，告诉我们如何为人处世。

当然，辩证地看待一切事物，是我们永远的准则。对竹下这一人物，我们也同样要一分为二地去看。哪些可以接受，哪些应该摒弃,相信读者朋友们会做出清醒而正确的选择。

由于本书在内容上涉及大量的日本政治方面的知识,而身为译者,我们对这方面又知之有限,所以在翻译工作中遇到了很大困难。尽管我们参阅了很多资料,仍难免有错误及疏漏之处。恳请各位专家、读者批评指正!

译者

2003 年 3 月

目 录

如果竹下健在,很可能一开始就推举小泉——代序言 2

第一章 "小泉 VS 竹下":组织管理术的全方位比较|21 世纪领导者的最低条件 2

1. "小泉·信长"、"田中·秀吉"、"竹下·家康",同信长相比,无"心腹一人,谋士五人"是小泉的弱势 2

2. "协调能手"竹下原首相的手法是"边说服边开展工作,边开展工作边说服",小泉首相学一学准有益处 9

3. 竹下原首相仅导入"消费税"这一项工作就花费了 10 年的岁月,小泉首相为了成就"大改革",必须耐心地进行基础性积累 14

4. 小泉首相当知竹下式"人不守信哲学"的真正奥妙 20

5. 政治无需哗众取宠,竹下首相不声不响"达到目的" 25

6. "沉着"、"细心"才是领导者的资质,小泉首相有在"最后关头"

事与愿违的危险……………………………………………30

7. 小泉首相应该窃取作为竹下式高等战术的"不露痕迹的管理术"…………………………………………………………34

第二章 "忍耐哲学"的效用和原则 | "以自我为中心的时代"告终……………………………………………………………42

1. 不做任何自我宣传而掌握天下的秘密…………………………42
2. 领导者首先要做到"沉默与忍耐",礼尽于人人自动………47
3. 对他人幸福、满足感漠不关心者无法生存的时代…………52
4. 从彻底听取他人意见找到突破口,人生从"弯路"、"无用的时间"中更能有所收获……………………………………56
5. 对于被赋予的工作竭尽全力,人际关系网自会构筑起来………………………………………………………………61
6. 竹下连续担任屈居人下的"副~"、"代理~",而他却把这些经历变成了自己切实的营养……………………………………65
7. 被选拔之时的实力发挥水平将决定一个人的未来…………70
8. 大隈重信说"发怒气怒声,有百害而无一益"………………75

第三章 窃取竹下式的"关照术" | "人性力量"是这样锤炼的……82

1. 竹下半夜上厕所都会照顾到夫人,而特意去楼下……………82
2. 做个不厌其烦的"杂谈名手"吧!这样会讨人喜欢……………87
3. 首先要迎合对方的标准,即使对方失败也不要令其难堪……91
4. 竹下式关照术"像中草药似的慢慢生效"………………………95

5. 扣动他人心弦的"金钱妙用法"……………………………100

6. 你要是上司,别忘了给不走运的部下以人事上的"损失补偿",将来必定起作用………………………………104

第四章 弱者的战略 | 精神形成的研究:"为什么能成为大人物"……110

1. 对《孙子》所云"无胜算不战,避实击虚"的实践………110

2. 谨遵母亲"千万不要对人发火"的教导…………………115

3. 作为地主代表,却在农地解放中倡导佃户生活稳定的竹下,是从革新性、进步性观点出发的………………………119

4. 在中学教师时代领先创建棒球部、实施修学旅行、从事志愿者活动的智慧……………………………………123

5. 年轻时起就是"协调能手"和"乐于助人"的人…………127

6. "汗水属于自己,功劳属于他人"的县议会议员时代,"性格爽快的智囊"是他的外号………………………………132

7. 用"不要以为是自己的力量"告诫自己的国会议员初次当选时代……………………………………………136

第五章 从田中角荣、佐藤荣作身上学到的东西 | 构筑人际关系网的秘诀………………………………………142

1. 佐藤荣作说"一个人嘴只有一张,耳朵却有两只",首先要善于听,这是搞好人际关系的秘诀……………………142

2. "说一个人的坏话,会树十个敌人,诋毁人的话不说,要守口如瓶"……………………………………………146

3. "递交钱款时,要时刻考虑到对方的心理负担,间接的方式会令对方轻松些" ·· 150

4. 佐藤说"对方的履历哪怕是死记硬背也要记住,这对你有好处" ·· 154

5. 目睹田中角荣的高超谈判术,恍然大悟何为"大胆的想法" ·· 159

6. 要运作组织,守住自己的地位,首要一点是要做"人事协调能手" ·· 164

7. 去留进退的"退",应以"公众利益六成,私情四成"作为决断依据 ·· 168

世界政要御人方略　**代序言**

如果竹下健在，很可能一开始就推举小泉 | 代序言

21世纪，对日本来说，大有象征着一个"变革的时代"之感。随着它的到来，一位大张旗鼓地标榜政党及经济财政结构等多方面改革的首相终于登台亮相，这就是现任首相小泉纯一郎。作为国民，我们自然期待着他的成功。

这位小泉首相，同以往各届自民党总裁出身的首相完全是两种格调。他有做事果断的一面，也有独断专行之嫌。一方面，对成为弊端的老一套做法均采取排除、拒绝的态势；另一方面，又无视组织全局以及组织内各派势力的均衡。而眼下，又有舆论为他摇旗呐喊。令人担忧的是，这种"小泉作风"到底能发挥到何种程度。

同小泉首相在政治手法上完全对立的竹下登原首相，已于平成12年（2000年）6月去世，卒年76岁。在民众的眼里，他没有

令人瞩目的魄力，又因为后来的皇民党事件和利库路特公司未上市股转让等令人不堪回味的事件的缘故，再加上他的巨大影响力，使得他在辞去首相职务后，还长时间受到所谓的"双重权力"的指责。总的来说，他留给人们的印象是阴暗的。

然而，另一方面，这个人一贯的"退一步"的领导风范却颇具威力。一旦决定的事情，决不改变意志，一定要付诸实践，是一位典型的不达目的不罢休式的人物。不过，在实现目的的过程中，由于他会发挥超凡的协调能力，所以，过后自民党内部自不必说，就连在野党等反对势力也不会同他结怨，这可以说是他的特长。争斗完毕，一切就都成了笑料谈资，从不会留下大的隔膜。这在一般人是很难做到的。正因为这个缘故，人们才会纷纷慕名而来，以至于当年出现了"参拜竹下"这一词句。

而这一切，也可以说是取决于他身上那种小泉首相所不具备的无比的细心、关照，以及他所特有的可称之为"忍耐哲学"的处世之道。其实他本人的政治生涯就是一个屡尝失意的过程。就是说在每一次复起的背后，少不得他自身的不懈努力。而且，他既没有门阀优势、又没有裙带关系，所以他的领导学，完全可以称之为"逆境中的领导学"。

由于上述因素，竹下所主导的权力斗争每战必胜。如果说这是竹下式"不败的人心收揽术"使然，也绝不为过。

在政治的世界里，"奇才"颇多，如田中角荣就是一例。在笔者

看来,竹下这位政治家也是一位不折不扣的奇才。相比之下,小泉首相却是一位平常之人。或许正因为是平常之人,才会给人以亲近感,从而得到舆论的强力支持。

然而,竹下和小泉,从哪一个身上我们学到的东西更多呢?很显然是竹下。而这些也正是小泉首相所缺少的。

在今年6月19日,即竹下去世一周年的"缅怀会"上,小泉首相所作的发言中也表明了这一点。

"他总是亲切地叫我'阿纯,阿纯'。在他身上有一种我所缺少的东西,那就是细心和关照。"

说起来,如果竹下首相健在的话,或许在总裁选举中根本就不会撒出桥本龙太郎等对抗之马,而很可能在事前的调整中便将最佳人选统一到小泉身上。就是说,一旦从事前的情报分析中预测出小泉将会稳操胜券,就会通过助其一臂之力的手段,转到"拉拢之策"上来。竹下这个人物,就是这般有先见性。

竹下的人生视线时刻投注在人际关系的构筑上,这是他的又一个特征。年轻时的他就已经洞悉,一个人只有靠别人的支持才能达到自己的目的这一道理。对方在希求什么,以他的眼力一眼就可以看透。从这个意义上,也可以说他是"人学博士"、"心理学博士"。总之,由此产生的他的"逆境中的领导学"中,有很多东西值得我们去品味。

无论是谁,都难免有身处逆境、时运不佳、逆风而行的时候,

然而，又必须设法渡过这些难关。如何忍耐、如何克服、如何在逆境中磨炼自己，竹下这位政治家的人生轨迹给了我们很多启示。

当然，话又说回来，政治家这一类人的身上，多少都伴随着毁誉褒贬，竹下也不例外。不好的地方不必去学。即便是"他山之石"，也必须只取其可取之处，这是关键所在。只是，不同寻常之人，自有其可取之处，这一点是肯定的。

笔者到了这个年龄才依稀发现，在这个俗世上，说志向也罢，说野心、奢望也罢，就它们实现的条件而言，大抵是"运气"占40%、"努力"占30%、"能力"占30%这样一个比例。就是说，即使出身一流大学，脑袋还算聪明，光靠能力也是难成大事的。就是说，"运气"和"努力"在很大程度上左右着人的一生。虽说"运气"是天生的，但同时有一部分却要通过不断的努力来使其发挥出来。所以归根结底，人生倒像是在很大程度上取决于人的"努力"程度了。就算在这个意义上，竹下所付出的非同寻常的"努力"，也大大值得我们重新审视。让大家都来关注并学习这一点，正是写作这本小书的目的。

小林吉弥
平成 13 年(2001 年)7 月

世界政要御人方略　第一章

第一章

"小泉 VS 竹下":组织管理术的全方位比较 | 21 世纪领导者的最低条件

> **1.** "小泉·信长"、"田中·秀吉"、"竹下·家康",同信长相比,无"心腹一人,谋士五人"是小泉的弱势

小泉纯一郎——一位以"单干户"、"异端者"以及各种反叛言行而名噪一时的总理大臣登上了历史舞台。

可以说他是在全体国民对政治、经济、社会的不满情绪达到极限的情况下，应运而生的新型政界领导。因而上任伊始，内阁支持率在各大宣传媒体的调查结果就都达到了80%以上，这一惊人的数字创下了历代总理中的最高纪录。

而他所采取的态度也正可谓是"直线改革"，口号喊得也很响亮，像什么"勇作锐意改革的内阁"、"实行无例外机构改革"、"搞新世纪之维新"之类的，可见他的勇气非同一般。

那么，政权起步后三个月内的"改革"实行情况又如何呢？果然，在就任总理、总裁后，首先要做的自民党三要职的人事任命，以及在其后的阁僚任命中都是遵循"公约"办事，避而不谈党内融洽，完全摒弃了以往那种均衡各派力量的人事原则。这对持续了46年的自民党来说，是"划时代的事件"。因而一时曾被那位嘴不饶人的田中真纪子(现任外相)称作"怪人"(日文中写作"变人"——译者注)，而小泉却不无得意地认为这是在说自己是勇于"变（革之）人"。

虽然暂时采取了一些行动，可是在具体的政策问题上并没有什么进展。至少到目前为止，就如何确保财政重建和经济恢复之间的平衡这个问题，以酝酿已久的邮政三项事业民营化为首，虽然方针已经制定了，还并没有出台具体实施方案。这从他的国会答辩中也可窥知一二。的确，他不说官僚套话，也不讲政府言辞，而是用自己的语言进行简洁明了的回答，但是每当被问到具体方案时就会闪烁其词,还会不时地岔开话题,搞起文字游戏来。可见其中还存在很多模糊点。

是不负舆论的大力支持,把握好国家的航向,加大"改革"的步伐,作为"名宰相"而留名史册;还是仅以"直来直去之人"、"鼓动者"而告终,对于小泉首相,我们似乎还有必要进一步拭目以待。

不管怎么说,小泉这位全新型的总理大臣的登场,预示着人们将对肩负着改革重任的21世纪的领导方式、理想模式进行重新审视。

那么,"变革的时代"究竟对领导者有哪些要求呢?下面就结合具体类型,来探讨一下领导者的最低条件。

古今中外的领导模式,不外乎"自上而下型"和"自下而上型"两大类型。

前者在总理大臣之中以中曾根康弘最为典型。这一类型常被称为"总统型",指的是不直接利用现存的官僚机构,而是将自己手下的智囊团分配到作为私设咨询机关的审议会、研究会等重要机构,让他们出谋划策,提供信息,并回答咨询,然后应用于政治的领导模式。因此,又被称为"智囊政治"。政策形成上,是将在上面制定好的稳固的政策进行下达,因此有着扼制下面的有效意见的缺点和特征,甚至会遭遇下面的不满、反对和批判。不着力于派系即组织的均衡调整,在人事上近乎蛮横地实行"一边倒"的小泉首相,从某种意义上说,也属于这种"自上而下型"的范畴。

与此相对,"自下而上型"的典型就是竹下登了。这种模式的特点是,领导者自身比较审慎,善于发挥协调能力。将工作分配到各个部门,让其各司其职,重视组织的协调性。广泛听取各方面的意见,在对各方面的意见进行综合的基础上形成政策。又被称为"静待主义"。

用以上两种模式去考察一下战国时代(日本室町后期,封建领主之间连年争战的时代。从1467年的应仁之乱到1573年的室町幕府灭亡。这段时期,封建主蜂起各地,割据称雄,战乱不休。——译者注)的领袖的话,"上意下达"型的小泉就相当于胸怀近代化思想,富于改革精神的织田信长。"下意上达"型的竹下,就是那位做事深思熟虑,善于统揽全局的德川家康。此外,介于两者之间的就是两种特征兼而有之的田中角荣首相,大致相当于丰臣秀吉。"小泉·信长"、"田中·秀吉"、"竹下·家康",三位性格丰富的首相和三位历史人物的完全吻合,实在是一个有趣的现象。信长在被称作"变异者"的同时,还被看作"奇人",这也是和"怪人"小泉的共同之处。

那么,"小泉·信长"的领导模式,在当今的时代能够通行到何种程度呢?

一位自民党的老议员,对此持有下面的观点:

"小泉首相在某种意义上说是革命家,也是恐怖主义者。他的

魄力固然可嘉，但他跟同属于'上意下达'型的中曾根康弘原首相比起来，存在着巨大的差异。其中最大的不同点就是，当时的中曾根康弘身边有一位强有力的人辅佐，那就是后藤田正晴官房长官。就说当年的信长，他身边不是也有秀吉吗？而且有一段时期明智光秀也辅佐过他，此外还有柴田胜家、丹羽长秀这些亲信。然而小泉首相身边却没见到有什么心腹和辅佐他的人。

没有辅佐、亲信，会有什么弊害呢？首先，没有情报来源。得不到情报，就很难把握组织内部那些细微的动静和气氛的变化。而掌握不了这些，就难免会在哪件事上碰壁。组织是靠人来运作的，关于这一点必须有更深刻的认识。此外，没有膀臂和心腹，就不能时常听到忠告。少了这一机能，就会产生自相矛盾的结果。就是说，一个人看不见自己脚下的话，就有可能成为'孤家寡人'。更为重要的是，没有心腹暗中周旋，事情会很难办。要知道无论哪一个时代，组织的性质是不变的。所标榜的'改革'不能一味地考虑进度，还必须遵循一定的程序才是。

一旦这种弱点被人看破，舆论可是无情的。风一停，小泉这只'大风筝'就会立刻坠地，也可能随风飘走。这样看来，我觉得他还是有必要磨炼一下像竹下原首相那样的协调能力。'小泉·信长'切不可忘记党内有'明智光秀'(1526－1582，战国时代的武将，俗称十兵卫。辅佐织田信长，任丹波龟山城主。1582年，在京都本能寺倒戈谋反织田信长，迫其自杀。之后在山崎之战中败于羽柴秀吉，即后来的丰臣秀吉,在逃跑途中被杀。——译者注)啊,而且还不止一个。"

"小泉·信长"号召国民暂且忍耐改革过程中的"苦痛",也就是恢复经济这一进程的缓慢,并且说现在正是发扬"百袋米精神"的时候。

顺便说一下,这里说的"百袋米精神",指的是明治3年(1870年),越后(现在的新泻县)长冈藩所奉行的"忍耐、克制精神"。明治维新时,长冈藩坚决不归属新政府,独守清高。后来在戊辰战争(从1868年1月到1869年的一年中,官军与旧幕府军之间所进行的一系列战争的总称。——译者注)中败给了官军,致使俸禄锐减,陷入了困境。这时,它的支藩三根山藩送来了一百袋米,所说的"百袋米精神"就来源于此。

可是,当时长冈藩德高望重的参事官小林虎三郎,没有把这些米分给苦于生存的藩士们,而是主张用这些米作本钱创办学校。这一主张自然遭到了藩士们的强烈反对,于是小林讲了如下这番话,说服了他们:

"如果现在把这一百袋米吃掉了,这个藩到头来还是饿肚子,要想过上好日子,必须卖掉这些米建起学校,培养人才。人才培养起来了,藩就能够重建,用不了多久百袋米就会变成千袋米,万袋米。当然这需要一段时间,就让我们大家勒紧腰带,挺过这暂时的难关吧。"

结果这一主张得以实施,不久"国汉学校"诞生了。它不再是

以往那种只有藩士才能就读的学校,而是广开门户接纳藩士以外的人。这所学校就是后来的旧制长冈中学,现在已成为县立长冈高中,是新泻县升学学校之一。这所学校培养出了"军神"山本五十六以及后来成为东大校长的小野塚喜平次等人才。

比较一下此处的小泉首相和小林虎三郎的情形,可以发现:小林一直是博得藩内绝对信赖的人物,而且身边有支持他的忠臣们;与之相比,小泉首相虽然背后有舆论的支持,但在自民党组织内部,却是单枪匹马,独闯天下。这就显得他有些人单势孤,看来他面临着如何搞活组织的课题。

"小泉·信长"所宣扬的"百袋米精神"固然重要,但是要想真正贯彻下去必须有家康般的协调力,才能保证有奏效的余地。故而说,"竹下·家康"的协调力也是不可或缺的。

中国的兵书《六韬·三略》中有如下教诲:"为大将者,需有'心腹一人,谋士五人'。"就是说没有哪位大将能在没有心腹、谋士辅佐的情况下,取得作战的胜利。

小泉首相身上有许多弱点,应该通过向竹下原首相学习,加以弥补。如果不适当加以留意的话,弄不好会以"短命政权"而告终。就是说有可能同先前的细川护熙首相一样,充其量不过是做一回"改革"的旗手而已。

正因为他本人"舍身改革",所以我们不愿看到那样的结果。

2. "协调能手"竹下原首相的手法是"边说服边开展工作,边开展工作边说服",小泉首相学一学准有益处

竹下原首相的关于协调能力的语录中,有如下内容:

"人们说我虽没有支配能力,但却有协调能力。不过,我觉得这协调能力,也该是支配能力的一个方面吧。比如说,在政治世界中,日本的官僚机构称得上是世界一流的首脑集团,但是,前提是大家要一起切磋琢磨,而不是争权夺势。而要控制这种局面靠的正是政治,即协调力的作用。"

"如果说对无限的理想的追求是政治的本质的话,那么如何把握它与现实的调和点呢?必须避免趋炎附势,也不能阿谀奉承。我一直把这作为我自身的政治决断的基本准则。"(摘自《政治是什么 竹下登回忆录》)

"我认为对立和抗争不会带来进步,只有对话和协调才能带来繁荣。"(摘自《在昭和59年(1984年)9月的世界银行总会上的基调报告》)

此外，笔者在采访过程中还曾听他讲过这样一段话：

"说起协调的技巧，其实也没有什么特别的。如果说有一点的话，那就是不要高高在上发号施令。拿我来说，我一向注意尊重对方的主张、立场，该让步则让步，反过来，也有让对方顺从自己的情况，就是说同对方平等地进行探讨。这样做一般比较奏效。"

这番话虽然是关于政治而言的，也同样适用于"企业经营"、"人际交往"等方面，颇具深意，值得揣摩。

"协调能手"，已成为竹下原首相的代名词而确立下来。其具体手法体现在竹下经常讲的"让下边去干"这句话里。所谓"让下边去干"指的是这样一种工作方法：领导者只管指示方向，其他的工作都交给各政府部门、官员、工作人员，让他们各司其职。从中可以看出领导者的这样一种观念：每个职能部门都尽力而为的话，就会万无一失地发挥综合能力。对接受任务者个人来说，通过致力于各种锻炼自己的工作，可以使每个人的能力得到相应的提高，这样不久人才便可培养起来。

可是重要的是，领导者自身要有领会事务核心的能力，还要具备现场指挥能力。换句话说，"社长必须是领队兼队员"，就是说作为社长，不论理论上多么精通，如果没有实际工作经验的话，就不能指挥具体的经营，而且知情的部下还可能会在工作中投机取巧。所以身为社长，要知晓从事现场工作的普通办事员的心理，必须做一名领队兼队员式的管理者。

小泉首相的前任，森喜郎首相也曾多次讲过"让下边去干"这句话，如关于"爱媛号"实习船撞击事故，说过"以外务省为首的各部门正在采取行动"；关于外务省机密费事件，也曾说过"我已经指示各部门履行自己的职责"。而结果呢，由于各部门的工作中疏漏明显，而被在野党揪住不放，对此大家还记忆犹新吧。这完全是由于布置任务的森首相自身，对首相必须是领队兼队员这一点缺乏认识，而调整力、决断力又与竹下相去甚远，结果，各个部门没能尽力，所以才导致这样的结局。

从这一点来说，竹下首相在实现"消费税"纳入过程中所表现出来的协调力、决断力及领队兼队员的风范很值得宣扬。小泉先生应该认真听着，改革的志向是好的，不改不行，但是如果没有足够的认识和事先疏通，"公约"的实现又谈何容易！一口咬定"一切抵抗势力都是敌人"，然后挥舞大刀冲入敌阵，这样做无疑"战死沙场"的概率会很高。以财政为首的种种久攻不破的结构改革，不花上一定的时间恐怕是不会有结果的。留意方方面面，不焦不躁，循序渐进的态度最为重要。

之所以这样讲，是有根据的。回想一下那场税制大改革，简直让人觉得比小泉首相的政党改革、结构改革还要艰难，仅为了通过导入"消费税"这一个法案，就连那么富于协调力的竹下原首相，不是还先后花去了十年的岁月吗！如果着力于"速度"的话，"消费税"至今能否成立恐怕还是个未知数。如果只求速度，那该是奥运会吧。

竹下实现"消费税"纳入的整个过程，就像纺线一样，时而大胆、时而细心，如果对此进行一番深入考察的话，那么我们就会清楚地认识到包括协调力在内的领导者的重要条件，以及在21世纪这一"变革的时代"里，领导者的最低条件是什么了。

下面就来考察分析一下。

战后我国的税制，长期以来维持着昭和24年(1949年)的"夏普劝告"(在改革中的1949年，美国经济学家夏普率领的税制考察团访日，向日本政府提出了建立日本永久性税制体系的方案，成为战后日本租税体系的基础。——译者注)提出的基本方针。它强调了以下几个方面的内容：着眼于公平税制的确立；从战前的那种以间接税为中心的税制向以直接税(所得税)为中心的税制转换；导入与收入成正比的累进税。

然而，经历了经济高度增长期以后，随着国力提高，出现了国民所得增加并日趋均衡化的现象，与此同时，消费日趋多样化、服务化。其结果，一些靠工资收入的纳税者深切感到了累进税所带来的负担，并且越发感到了自己同其他收入方式者之间的不公平。此外，消费税只限于个别物品税这种做法，也已经难以适应多样化、服务化这种消费结构的变化了。再加上，面对即将出现的少子化、高龄化这种人口结构的变化，财政难以承受医疗、养老金等福利需求的问题也显现了出来。而在这些现象的背后，赤字国债的数额、利息支付等却在逐年呈螺旋状上升。

为了应对这些社会、经济形势的变化，有必要改现有税制为均衡所得、资产、消费三者之间关系的税制体系，建立稳定的税收结构。

为达到这一目的，如果政府从搞活国力上考虑，就必须下决心进行税制的大变革，就是说，面临着调整直接税和间接税比率，导入现今的"消费税"的重大的转折点。

"消费税"的导入，虽然最终是在竹下内阁中成立法案，从而得以实施的，但追溯起来，前后共经历了10年的岁月。最初着手的大平（正芳）内阁提出了"一般消费税"，经过其后的铃木（善幸）内阁，到了中曾根（康弘）内阁时改名为"销售税"，在经历了执政党和在野党的对立，国民的反对等诸多"波折"之后终于得以问世。而在这一过程中，竹下始终处于中心位置上。

只此一个法案的成立，就花去了10年的岁月，而且还是在竹下这样一位在执政党和在野党中均有广泛人际关系网、又极具政治力、协调力的人物的主持下，艰难程度可想而知啦。

虽然小泉首相威风不可一世地叫嚣说，"敌人就是一切抵抗势力"，但是要知道一蹴而就的政党改革、结构改革是根本不现实的，因此说他有必要向竹下原首相学一学，哪怕只是一招半式，对他来说都会大有裨益。

竹下毫不隐讳地说，自己的工作方式是"边说服边开展工作，

边开展工作边说服"、"边考虑边前进,边前进边考虑"。而正是靠着这种惊人的耐性,他才成就了那场大改革。

3. 竹下原首相仅导入"消费税"这一项工作就花费了10年的岁月,小泉首相为了成就"大改革",必须耐心地进行基础性积累

"竹下君,你能否做我的大藏大臣?是这样的,你知道我发行了赤字公债。所以,必须进行财政重建。你虽不是大藏省出来的,可是,我想请你来挑起这个担子。"

昭和54年(1979年)11月,当时的首相大平正芳,在他的第二次内阁中,向竹下提出了就任大藏大臣的请求。在当时来说,纳入作为间接税的所谓消费税,是财政重建的支柱。这就是说,大平把纳入消费税这一艰巨的任务交给了竹下。再明确一点说,除了竹下,当时也找不出能够胜任这一重大改革的人才来啦。

对竹下来说,这个大藏大臣的头衔,当时真的可以说是一项

倒霉的差事。因为当时的财政,受高度经济增长期的余波的影响,积极财政中的赊欠积压,从而形成巨大赤字,处于一筹莫展的境地。这种状况酷似今天小泉首相的处境,小泉首相不是正在为解决长期以来由赤字国债横流而造成的欠债而大显身手吗?甚至"不要让子孙还债"这种出发点也完全相同。

只是,小泉首相虽然想出了"百袋米"的睿见,而眼下,尚未见其拿出具体的方案。而当年的竹下藏相,却接二连三地进行了大胆的削减财政支出的政策性尝试。他制定了10年计划,以昭和65年(1990年)实现正式纳入消费税、消除赤字国债为奋斗目标,开始了减少财政赤字的切实的努力。

这种手法与竹下的母校——早稻田大学的创立者大隈重信的手法很相似。大隈于明治36年(1903年)6月,在伊藤(博文)内阁因地租改革失败而倒台后,作为首届"政党内阁"登场。以"财政通"而闻名的大隈,上台后立即采取了通过合理重组和人员调整来削减财政支出,即紧缩财政的措施。但是,当时正值军部的抬头时期,由于他还主张大规模削减军费开支,从而遭到强烈抵制以至受挫。这样,大隈内阁仅维续了124天便被迫下台了。

可是,继承了大隈手法的竹下,却未蹈大隈的覆辙。这是因为大隈同小泉相似,有些性情急躁,不善于疏通关系,又缺乏协调能力。而竹下却能够牺牲自我主张,运用自己一手培植起来的横跨执政、在野两党的广泛的人际关系网,一步步地奠定了实现纳入消费税这一目标的基础。

竹下所采取的步骤是极其巧妙的。

在竹下就任藏相不久,国会通过了"财政再建决议"。当时,在纳入消费税问题上,自民党内部也比较混乱,支持派和反对派两股势力互不相让;而社会党、公明党等在野党原本就反对,甚至还要求出台"废止消费税决议";国民的绝大多数也是反对的。如果"废止消费税"的主张被国会决议通过的话,那么就意味着所谓的纳入消费税这一举措将被彻底扼杀在萌芽状态。于是,竹下利用他的人际关系网,在执政党内部及在野党中展开说服攻势,并隐去"消费税"字样,仅以"财政再建决议"的形式提交给了国会,从而使决议得以通过,所谓的消费税这才暂且存留了下来。

大平内阁在竹下就任藏相后,仅7个月就垮台了。这是因为在昭和55年(1980年)6月进行的众参两院同时选举中,大平突然去世的缘故。政权由铃木善幸接替,田中角荣作后台指挥。这次竹下没能继任藏相,而是被安排到自民党选举制度调查会长这一闲职上来。顺便说一下,关于这一人事变动,人们普遍的看法是,这是因为幕后的田中角荣惧怕竹下的势力继续扩大,从而对他加强了警戒。

然而,铃木首相很快便暴露出领导能力的不足,追悔莫及的田中于是暗地里迫使他辞职,并推出自己看好的中曾根康弘作铃木的后任。

这位中曾根首相也一贯主张税制改革不可避免。于是中曾根来到田中面前，恳求他让竹下担任大藏大臣，以确保改革的成功。田中无奈，只得勉强应允。这样，竹下在昭和57年(1982年)11月组阁的中曾根内阁中又一次登上了藏相宝座，这是他继大平内阁以来的第二届藏相职位。在此后的约3年零8个月的时间里，竹下连续四届在中曾根内阁中担任藏相职务，一直到昭和61年(1986年)7月，第三次中曾根内阁成立时，被任命为自民党干事长为止。中曾根将大平提出的"一般消费税"的说法进行了改动，将所谓的"消费税"改成了"销售税"。

可是，竹下藏相并没有沿着这"销售税"的思路一直走下去，这一点他做得极为高明。

他的做法是放眼长远，有条不紊地进行基础的积累。就是说，他没有采取直接进行财政再建的手法，而是优先进行了行政改革。

如，在制定昭和58年(1983年)的年度预算时，他断然采取了"零限额"方式，将各省厅的要求数额限制在同前一年相同的水平。如今的小泉首相虽也喊出了"加强财政支出管理，消除特权"的口号，而竹下早在身处藏相职务时，对各省厅的影响力就已经不同凡响了，由此看来，小泉首相今后究竟能否有效控制住各省厅争抢预算的局面，很有一场好戏看。因为他既没有担任过干事长等党内三要职，又没有担任过藏相、外相等阁僚职务。就是说，

对平步青云的小泉首相来说,这绝不是一件轻松的事情。因为在各省厅的背后,强有力的各自的"族议员"(为特定利益集团或省厅的个别利益出面发言,发挥其政治实力的政治家。一译者注)都在虎视眈眈,严阵以待。

再说竹下,他以断然实行这一"零限额"方式为轴,在同一年内又伺机进行了补助金调整、医疗费用合理化两项工作。在昭和59年(1984年),改革了医疗保险、退休金、地方财政制度。60年(1985年),对日本电电公司(日本电信电话公司)和日本专卖公司进行了民营化试点,一举降低了补助率。61年(1986年),强化了国铁民营化的基本方针,又着手进行了补助率的综合性调整及老人保健制度的调整。这一系列改革充分表明了他的"行政改革"先行的手法。

同竹下关系密切的一位原政治部记者说:

"竹下历任五届藏相,他经常说'藏相的工作使我成熟了起来。'在初任大平内阁藏相之前,竹下给人的印象是'强于党务,弱于政策'。就是说,他是通过后来一点一滴地积累,逐渐有了信心,并通过这期间的经历捕捉到了政治的诀窍的。

竹下这个人,一方面能够以一种低姿态去疏通、关照、忍耐、克制,同时又不乏坚韧、沉稳、胆识。可以说,正是这些因素融合在一起所形成的竹下式的协调能力,才使得他能够一次又一次地排除掉来自执政党内部及在野党的不同意见,从而保证了政策的最终实现。另外,说起他的韧劲儿来,他在辞去大平内阁的藏相职务后,曾经担任了自民党选举制度调查委员长的职务。就在这一时期,他还不惜花时间去说服自民党内部和在野党,敦促他们废止被称为"钱酷区"的参院全国区,实现比例代表制。这也是一项花了两年岁月才得以实现的艰巨的工作。

据说正是目睹了任藏相时代的竹下的才干,田中角荣才对竹下彻底产生了戒备心理的。而"竹下不可侮"这一想法,大概也就是从那时起深深地印在了田中的头脑里的。"

在那之后,由于中曾根实现"销售税"的需要,竹下被委任为藏相,后又担任了自民党干事长。在任自民党干事长职务期间,竹下一反常态几乎没有任何行动,直到自己取得政权后的昭和65年(1990年)12月,才最终成立了"消费税"法案。

税率控制在3%,靠着自己的协调能力,自然是自民党内部的反对派也被彻底征服了。

据说当中曾根看到自己提出的"销售税"成了废案,而竹下在掌握政权后,作为自身的政绩,将这场税制大改革的成果——稳固的"消费税"公布于世时,他才真正领教了作为政治家的竹下的厉害。

4. 小泉首相当知竹下式"人不守信哲学"的真正奥妙

中国古代有"宋襄公之仁"的故事。

这个故事嘲讽了宋襄公征讨楚军时的拙劣的作战方式以及领导思想的迂腐。

故事的内容是这样的：宋军和楚军在泓水两岸对峙。宋军的军师对襄公进言，说："敌军负伤者众多，故而应趁楚军渡到一半时进行攻击"。不料襄公答道："等等，君子不应该讨伐负伤者。我不愿出其不意攻打没布好阵的敌军。等楚军渡过河来，布阵完毕，再打不迟。"结果宋军同布阵已毕的楚军交锋，被打得惨败。

将这个"宋襄公之仁"的典故提升为领导学真谛的是中国战国时代的思想家韩非子。韩非子在他的著作《韩非子》中写道"墨守仁义，无异于自掘坟墓"。《韩非子》中虽充满了"人不守信哲学"，但在探究权力的理想状态，以及保持权力的理想方式这一点上却独具特色，而且有出色论断。诸葛孔明在先主刘备亡故之后，曾屡次劝后主刘禅"读一读《韩非子》"，可见这本书的重要性。

在竹下的领导术中，随处可以见到这种不守仁义的地方，这也可以说是他的特征。而话又说回来，一个缺乏"震慑力"、"威胁力"的领导者,在某种意义上来说,是个无能之辈。这有些类似后藤田正晴(原副总理)的那句名言:"唬不住两三个上级的人肯定成不了大器。"

说到这儿,必须交代一下,竹下究竟是怎样让中曾根热切期待的"销售税"功亏一篑,而将一切努力归功于自己的呢?他的高明之处又究竟表现在哪里呢?

用一句话来概括,就是它让我们看到了另一个竹下,完全不是平时我们眼中的满脸堆笑、到处点头哈腰的那个。其实,作为一个领导者,没有两三张面孔的话,是难以服人的。

前面讲过,竹下在藏相时代,为纳入所谓的消费税有条不紊地做了大量的基础性积累,而就是这个竹下,一旦做了干事长后,推进"销售税"的动作却突然缓了下来。

一位当时的中曾根派干部,后来愤愤不平地说:

"在当时的'销售税国会'中,掌握着法案的成立与否的,是竹下干事长和藤波孝生国对委员长这一对搭档。藤波虽然是中曾根派,但他更倾向于竹下,因为竹下是他早稻田大学的前辈校友。别人不说,首先这对搭档本身,对销售税的成立就缺乏热情。他们放弃销售税,而是在国民呼声强烈的减税上大下功夫,从而充实了他们自己的功劳簿。

他们之所以能够得逞,背后少不了竹下在自民党内和在野党中所做的巧妙安排,即利用在野党的'反对销售税,赞成减税'的

呼声,来对付自民党内部的销售税赞成派,为此他一定没少活动。因此,销售税草案的制定者——自民党税调会长中山贞则等人,原本一直很热心于该法案的成立的,却中途从国会失踪了。等到被找到时,人已经到了冲绳。就是说他制定完草案后,便撒手不管,走人了。有人说这也是竹下搞的阴谋。

由于这些原因,销售税最终成了废案。为此中曾根的领导能力遭到了怀疑,而他进军'三选'的梦想,也因此变得软弱无力而夭折了。看来这都是预谋夺取天下的竹下的可怕的计谋。"

这样看来,中曾根得出"竹下不可侮"的结论,也是理所当然的了。

不仅如此,更让中曾根惊愕的是,竹下竟然已经做好了部署来阻止他进军"三选"。

中曾根于昭和61年(1986年)7月,组织了众参两院同时选举,自民党在众议院获得了304个议席,他想以这个为后盾,来一赌"三选"的胜负。

然而,他遇到了障碍,那就是"总裁一届两年,以两选为限"这一自民党党章中的总裁任期规定。不过如果修改党章的话,就没有这一限制了。

还是引一下前面那位中曾根派干部的话:

"据说这也是让竹下给算计了。竹下趁着担任干事长这一职务,首先设立了由协议修改党章的自民党各派代表组成的'实务

者会议'。在代表的人数分配上，主张所谓的'数量逻辑'，即根据派系的大小进行选派。当时竹下所属的田中派人数最多，共派进了四个人。这四人是小渊惠三、小泽一郎、羽田孜、渡部恒三，都是对'竹下政权'抱以双倍热情的竹下的亲党。中曾根派的代表数很少，而且其他派的代表也多是竹下做了手脚的。想当初，竹下在干事长上任时的记者招待会上，不是还口口声声地说'不以数量压人，只想虚心做事'的吗！可是到了关键时刻竟忘了自己的诺言，做出这等事来。真是厉害啊！

结果，这个实务者会议虽然准许了中曾根的'续投'，但却冠以'延长一年'的名义。其实这不过是对中曾根委婉的应付，为他设置了一个台阶而已。中曾根事后颤抖着说'我又输给了竹下啦'。瞧瞧，连那么精明的中曾根都被搞得这么惨！"

政权是个可怕的东西，一旦前途已定也就意味着末期到了。被加上"任期一年"这一桎梏的中曾根政权，自然势力急剧衰落了下去。

昭和62年(1987年)10月，中曾根的任期到期后，竹下、安倍晋太郎、宫泽喜一三人竞选自民党总裁。最后，中曾根被委托进行"总裁提名"，他硬着头皮提了竹下的名字。因为，从竹下前番在执政党和在野党都做了部署这一点，中曾根已经领教到了竹下在各党的影响力，对他来说，要想在退阵后继续保持在党内的影响力的话，只能提名竹下。

政治是调整利害关系的空间,同时也是权力抗争的场所。要想取得权力抗争的胜利,还要用到竹下的另一种人生哲学——"谋划、谋划、再谋划"。没有谋划能力的领导,他的地位绝对长久不了。谋取天下,并使其理想化是古今权力者的基本构想。虽说《韩非子》中没有这么说,但我觉得这也可以说是权力的理想状态,维持权力的基本模式,同时也可以说这是管理、维系组织的一个重要条件。

小泉首相要实现大刀阔斧的政党改革、结构改革,我觉得应该再圆滑一些为好。

文艺复兴时代意大利的政治思想家马基雅维里在他的著作《君主论》中说:

"谁都知道,对君主来说,不搞阴谋、光明磊落是极其高尚的行为。而经验告诉我们,往往是那些并不恪守信义的君主,更能成就伟大的事业。不只如此,甚至那些善于操纵别人的君主,比起一味相信人的君主,结果更能成就卓越的事业。"(《马基雅维里语录》)

历史在不断重演,何况在这个权力抗争的场所呢。

5. 政治无需哗众取宠，竹下首相不声不响"达到目的"

"不达目的不罢休"。

这是竹下作为领导者的超人之处。虽然嘴上不声不响，但一旦决定的事情，不管遇到多大曲折、花费多少时间，都一定要实现它。这也就是说在决断力上，他绝不会有半点动摇，而这无论在任何时代，都是领导者不可缺少的条件。

"竹下的高超之处，在于他决不蛮干，因而不留后遗症。总之，他的意志惊人的坚定。直子夫人也讲过，说竹下一旦认准的事儿，无论谁说什么他都不会有丝毫动摇。因为他待人处事比较柔和，所以对方往往会给他蒙混了，以为说服了他，其实他是'和而不同'，非要坚持到底不可。而恰恰就是因为这个，使他赢得了人们的信赖。"(自民党桥本派干部)

前面提到的所谓消费税纳入问题，就是竹下这一"不达目的不罢休"的领导风范的一个最好体现。一旦认定为了扭转国家财政、促进经济运行，非走这一步不可，便不惜花费了十年时间，终于实现了目的。而小泉首相是否具备这一领导素质有些令人怀疑。

发生在竹下身上的"不达目的不罢休"的事例,除"消费税"以外还有许多。如任大藏大臣时所做的提高法定贴现率的决断便是其中一例。

在昭和50年(1975年)通常国会的预算审议期间,日本银行迫切感到了提高法定贴现率的必要性,并提出了申请。然而,按照以往的惯例,在国会的预算审议期间,改变法定贴现率是不可能的。因为变动法定贴现率的话,就得改写预算书,那就不可避免地造成将在野党搅到里面的一场大混乱。

但是,竹下自身也强烈意识到了问题的严重性:僵化的模式,已经无法适应国际化了的金融形势,再这样下去,势必阻碍经济的发展。于是,"决断"这个词,闪现在竹下的脑海中。

据说那一天,在众议院的正式会议会场的大臣席位上,竹下藏相同当时的大平正芳首相并肩而坐。大平也强烈意识到了这一点,他小声对竹下说:"我说,阿竹,那个事儿,我看得想个解决办法呀!"竹下回答说:"这个事儿早晚得有人去做,既然如此,那么就在你大平的领导下,由我竹下来做吧!"大平微微一笑,说:"好,那就拜托啦!"就这样,首相与藏相达成了共识。

接下来,竹下便使出了全身解术。据说,在大平对他耳语的当天夜里,便开始运作他的人际关系渠道,一夜之间就同执政党和在野党的众议院预算委员会的所有理事都通了气。

在第二天的预算委员会上,第一个提问的是当时公明党的二见伸明(现属自由党,落选),他和竹下同样,也是毕业于早稻田大学,同竹下关系亲密。二见策略性地提问道:"金融的国际化发展到目前程度,现如今必须根据经济的实际情况迅捷地采取措施,而法定贴现率在一定期间内却无法改变,不能不说这一惯例已经跟不上时代的脚步了。请问大藏大臣对此有何看法?"

来到答辩台前的竹下藏相,表情温和而诡秘地答道:"诚如您所指出的那样。"

这样就有了来自在野党的"呼声"。于是日本银行迫不及待地当即行动,短短的两个月时间就连续提高了法定贴现率。

起初不动声色,然而对一旦决断了的事情,不论别人说什么,"附和而不顺从","不达目的不罢休"。如果将这一竹下式领导模式的基本原则,用棒球作一番比喻的话,恐怕是这样的:作为一个投球手,他会采取让对方打中,然后接住的手法;如果是一名击球员,他会采取"广角打法",就是像美国棒球大联赛水手队的铃木一郎选手那样,靠安全打积累得分,而不会采取那种打个本垒打以博得观众喝彩的手法。就是说,他会做那种"内行欢迎的选手"。

渡部恒三众议院副议长,在自民党时代曾为竹下当选首相绞尽脑汁,他这样谈论竹下式的领导特色:

"读一下在关于税制问题的预算委员会上竹下的答辩记录,真是精彩极了。表面上似乎是被在野党压倒了似的,而实际上却

是坚守着自己的落点，丝毫没有让步。听起来似乎是在迎合在野党，其实并没有实质内容。

话说得远一点儿，从前，阪神老虎队有一名叫若林忠志的实力投手，很不一般。他从不投那种钢速球，而是采取改变速度的软投法，让对方打中。这样一来如果对方打地滚球，内场手得以参与；如果对方打腾空球的话，那么外场手又有了施展的机会。这是一种'全员棒球'。而在竹下这里，不仅仅是给同伴表现的机会，也使对方在野党不至于出现棒球场上那种因三次未打中球而出局的尴尬局面，因而保全了面子，所以更高一筹。"

虽然已是21世纪，但是在我们这个国家里，仍然存在着很多"村落社会"的因素：重视人情与秩序，拒绝、排斥任何高举主义、主张的旗号来扩大自己势力的手法，而且这种土壤还相当深厚。人们中普遍存在一种求稳、求和的想法，希望尽可能避免争端，小到家庭，大到国家的一切组织都能和睦地维持下去。

这样，作为领导者的最重要的任务，便是如何使组织内部团结一致，顺利地运营下去。如产生对立的话，这时就要考验领导者的协调能力，要求他们通过努力，巧妙地达成组织内部的意见统一。

而与这种竹下式不同，还存在着一种有着"超凡魅力"的领导人物，他们喜欢充分施展自身过人的领导才华。这样的人物，从历史上来看，多受命于乱世之秋。小泉首相的登场，在某种程度上类似此种情形。一般来说，这类人物的出现，是一种典型的世纪末现象，在他们身上，一切既成概念都受到颠覆。如大正末期到昭和初期就是一个例子，当时在欧洲发生了国际协调主义的破产以及墨索里尼、希特勒法西斯势力的抬头等大的事件。

一位很有艳福的自民党干部，说过这样一番话：

"在追女人方面，我的经验是一声不响地听对方发牢骚，讲她的烦恼，自己不做任何表态。这样做是绝对成功的。其实无论是对事业还是对女人，'A级选手'都离不开这一手。"

这也是竹下式"低姿态"之所以成功的秘密所在。

在小泉首相的绝对的国民人气中，来自女性的支持率很高。看来他在私生活方面也是颇具魅力的，而且也有艳闻。从前面那位艳福不浅的自民党干部的经验来看，可能小泉在私生活中对待妇人的方式上，也是采取闲话少说、只当听众的"手法"的吧。

如果小泉首相能够将这种"手法"运用到永田町(位于东京都千代田区西南部，是日本政治的中心地区，集中了国会大厦、国会图书馆、首相官邸等设施。俗指日本政府或首相官邸。——译者注)的政治生活中的话，或许会更为成功的。他应该考虑一下竹下式"低姿态"的效果，那样做一定会让他有所收益。

6. "沉着"、"细心"才是领导者的资质，小泉首相有在"最后关头"事与愿违的危险

领导者必须时刻兼顾"细心"、"大胆"这两个方面。

只有"大胆"的话，势必在最后阶段事与愿违，而只有"细心"，又会显得没有气量。而要做到细心处事，恐怕要比大胆行动难上十倍，对这一点应该有充分的认识。

下面就让我们以有关人士的证言为依据，对竹下登的细心做一番研究。

"昭和51年（1976年）1月，三木（武夫）内阁的假谷忠男建设大臣突然去世，经决定由竹下继任，但是面临认证式（日本天皇对阁僚等进行任命的仪式——译者注）的问题，因为当时天皇陛下正逗留在静冈县下田的行宫中。于是，决定让竹下建设相乘直升机飞往下田，在天皇的行宫举行认证式。本来可以乘坐自卫队的直升机的，可是竹下却坚持'要借用民间的直升机'，结果是从赤坂的迎宾馆院中起飞的。这是因为在当时，在野党对政治家使用自卫队飞机一事很敏感，所以竹下避开了。作为竹下，他对一切可能惹来事端的做法都采取排除的态度。

对即将着手的工作可能会引起什么样的问题，事先总要在脑子里飞速地盘算一下，这是竹下的一贯做法。就是说行动的背后，总少不了'细心'二字。"（原政治部记者）

"金丸信在福田（纠夫）内阁任防卫厅长官的时候，当时日美双方商定，在日美军的驻留经费中，日籍工作人员的基本工资及照明取暖费等由日本方面全额负担。对这一部分预算，人们用'体贴预算'一词来称呼。凡事不弄明白不罢休的竹下，后来在大平内阁担任了大藏大臣，有了接触防卫预算的机会。于是，他立即吩咐大藏省的职员去设法查明'体贴预算'一词的出处。

结果查明，这一说法同惠灵顿，就是那位在滑铁卢战役中彻底打败法军统帅拿破仑的英国将军，所讲的一段关于士兵的军靴的话有关。他说，'所谓伟大的将军，光力量强大是不够的，必须连士兵的军靴都要体贴到'。竹下甚至还查明由这个典故出现了'惠灵顿靴'这种军靴，'体贴预算'这一说法可以同英语的'惠灵顿靴'通用。"（《证言保守政权》）

"昭和59年（1984年）12月25日晚，在东京筑地（东京的地名——译者注）的一家名叫'桂'的日式高级餐馆里，聚集了金丸信、小渊惠三、桥本龙太郎、小泽一郎、羽田孜、梶山静六等竹下的心腹十几个人，他们在这里秘密集会。这家高级餐馆成了他们决意彻底摆脱首领田中角荣的控制，最终变田中天下为竹下天下的'策源地'。这一次他们谋划的内容，是暂且在田中派中发起以竹下为中

心的学习会,以此为桥头堡来扩展田中派中竹下支持者的圈子。

然而,在这次谋划活动中,同为亲信级的渡部恒三和奥田敬和这两个人却没有被叫来。渡部是个话多的人,素有'话匣子恒三'之称,新闻记者出身的奥田呢,说起来也是个快嘴子。考虑到这个谋划绝对不能泄漏出去,如果传到田中耳朵里,后果将不堪设想,于是出于万全考虑,细心的竹下便没让这两个人参与。事后,两个人不无失落地说:'没想到竹下的戒备心会这么重啊!'"(原政治部记者)

"昭和62(1987)年10月21日上午两点刚过吧,由中曾根的裁定成为新总裁的父亲回到家来,当时我碰巧在走廊里遇到父亲,我说'终于还是当上了'。父亲'嗯'了一声,腼腆地笑着说'其实还没有正式决定呢'。我当时想父亲可真是谨慎啊,没有把握的话从来不说!"(竹下三女儿公子,摘自《晚刊富士》)

此外,还有这样一种细心法,这也是竹下自己很感到得意,逢人便讲的一件事。听了这件事,你无法不为他那一丝不苟的作风所折服。

那是昭和53年(1978年)12月,在自民党总裁预选中,大平正芳挫败对手福田纠夫,当选总裁,并接受首席提名成为首相。在接受首席提名的那天早晨,大平的手下伊东正义(原外相)登门拜访竹下,说:"在接受提名之后,新首相都该做些什么呢?麻烦你给指点一下具体程序。"

竹下听了,说:"我在佐藤(荣作)、田中(角荣)两代内阁中任过官房长官,对这方面还是有一些了解的。"说着,就当着伊东的面,做了如下细致入微、详尽周到的说明:

一、首席提名选举结束后,新首相要站在众议院正式会场的自己的席位上向全场深施一礼。

二、之后,到各党的休息室去进行就任寒暄,结束后,到位于国会大厦二楼中央的大臣室。新首相可以在这里稍微休息,喝点茶之类的。这时,在参议院正式会场要进行首席提名选举,身为众议员的首相不必亲临参议院正式会场。

三、参议院的首席提名选举结束后,参议院自民党的干部要前来迎接,要在这个人的陪同下,首先向参议院的各在野党逐一进行就职寒暄,最后从自民党休息室出参议院正门,前往首相官邸。

四、到了官邸之后,因为官房长官和秘书官还都没有定下来,所以到了办公室后,要立即叫来内阁首席参事官询问皇宫的情况。

五、之后,安排首相的特任式(日本天皇对内阁总理大臣、最高法院长官进行任命的仪式——译者注)及阁僚的认证式的时间,这项工作结束后,进入组阁工作。

没想到,伊东虽然从头到尾听了一通,但由于内容太多,头脑混乱全给忘了。结果几小时后,这次是内定为官房长官的田中六

助又跑了来，问了完全相同的问题。六助后来说："结果就是按竹下所说的程序去做的，一切都进行得非常顺利。"他说这话的时候，语气里充满了钦佩之意。就是说无论做什么事都细心、慎重、没有遗漏，这就是竹下的作风，同时也是历代政权之所以都重用他的原因之一。

中国明代的儒学家吕心吾在他的著作《呻吟语》中列举了如下作为领导者的条件：

深沉厚重乃第一等之资质。

磊落豪雄乃第二等之资质。

聪明才辩乃第三等之资质。

第一等资质中所说的"深沉"一词正是细心的同义语。

小泉首相在这些方面又做得怎么样呢？或许小泉首相有必要更多地学习一下"历史"吧。

7. 小泉首相应该窃取作为竹下式高等战术的"不露痕迹的管理术"

此外，竹下的高超之处还表现在他善于运用"不露痕迹的管理术"。

"他总是让部下畅所欲言,给他们以满足感。不过,对自己所认准的事情决不让步,一定要落实它。像这样类型的总理大臣还是第一次见到。"(旧竹下派议员)

以永田町为首,当今的社会普遍存在着这样一种风潮,那就是没有人愿意被人以赤裸裸的方式进行管理:议员拒绝听从派系老板的指示;公司职员们讨厌被上司牵着鼻子走,讨厌被人指手画脚。那么,家庭又是怎样一种情形呢,孩子们对父母的吩咐不予理睬;夫妻之间,如果丈夫束缚妻子会遭到反抗,这就是我们所生活的时代。在这样的时代风潮中,可想而知,竹下式的这种管理术是极其奏效的。

对此竹下并没有自鸣得意,而且我记得他对我的采访很爽快地作了如下回答:

"怎么说呢,多听大家的意见,不将自己的意见强加给别人,这样,就不会出问题的。"

竹下的这种"有言必行"的态度,是十分彻底的。

还有这样的证言:

"竹下在别人来求他办事或同他商量事情的时候,大抵只是说些'是啊'之类的话,连秘书也搞不懂他的真正意思,时常很犯嘀咕。对几天之后想得到他的满意答复而再次登门的人,如果是难办的事情,他的一贯答复是'我并没有对你应诺什么呀'。因为,如果做出承诺的话,过后恐怕就难以抽身了。所以他从不许诺。"

（原政治部记者）

"如果换成田中角荣首相的话，你去求他，当时就会告诉你行或不行。可是竹下却只是说句'知道了'。有时你觉得是行的，结果是不行。'知道了'这个词，可真是奥妙无穷，富有深意啊。只不过，这种'竹下式'是中国式的领导模式，要是在美国，恐怕就行不通了。"（自民党桥本派干部）

"他自己决不指点、命令别人怎么怎么做。有时见我实在不知所措，就建议说'你去问问××看吧'。我当时还以为因为自己不是竹下派议员，所以他才不直接指点我的。可是过后一问，竹下派的人也都说如此，就是说他自己决不给人指点方向。而这'去问问××吧'，如果一问，问题解决了，那你肯定佩服竹下会推荐人；如果不行，你会骂××是混蛋，对竹下丝毫无损，这样的领导者可真是高明啊。"（自民党森派干部）

说到他的超凡的管理术，下面再举一个他与"盟友"金丸信之间的距离处理术，从中也可以看出他超凡的领导才能。

竹下和金丸信一同在昭和33年（1958年）5月的大选中初次当选，属于同届。两个人常常一同去拜访佐藤荣作首相，在议员会馆的房间也挨着。再加上竹下毕业于早稻田大学，金丸信毕业于东京工业大学，都是私立大学出身，在政界同属于非"名门出身"，也是由于这个缘故吧，他们彼此亲近了起来。刚当选那会儿，由于两个人都没有政治资金渠道，比较清贫，因而时常光顾当时的国铁新桥站立交桥下的烤鸡店。两个人常常在那里一边喝着大碗酒,一边互诉苦衷,有时也共谈未来。

然而,同竹下的周到、细心相反,金丸则是一个大大咧咧的人。正像后来金丸所说的"把两个人的性格加起来再除以二的话,正好",他们俩是一对凹凸相和、长短相辅的好搭档,又能够同心同德。在后来的昭和43年(1968年)10月,竹下的长女一子和金丸的长子康新结了婚,两家更有了血缘关系。这样一来,两人的"盟友"关系更加牢不可破了。之后,直到平成8年(1996年)3月,在东京"佐川快递事件"(1992年2月,东京佐川快递公司总经理渡边广康,由于被董事长佐川控告向政界行贿而被捕。此后,事件迅速升级,核心人物便是竹下派人士金丸信。渡边供认曾给金丸5亿日元的政治捐款。金丸对此供认不讳。为此,金丸受到罚款处理,并且最后被迫辞去众议院议员职务。——译者注)风波中,金丸突然去世为止,竹下和金丸的这种关系竟然持续了38年之久。在动不动就分道扬镳、倒戈相击的政界中,像这种历时38年的"鱼水之交"是极其罕见的。

可是,竹下的"超凡的管理术",在对待这样一位"盟友"身上也有所体现。

"在竹下掌握政权之后,金丸自然少不了做他后任的念头。然而作为'后台老板'的竹下却始终只字未提金丸的名字。一方面保持着同金丸的融洽关系,一方面却始终不给他开口的机会,让他打消了执掌政权的念头。这种竹下式管理术实在令人刮目相看。

试想,假如大大咧咧的金丸当上了总理大臣,万一哪一天,因为工作出现了疏忽而被迫下台的话,那么,作为'盟友'的竹下也要彻底受到影响。那样的话,竹下就再也保不住'后台老板'的宝座了。因此,竹下才巧妙地将金丸排除在外了。"(自民党元老议员)

竹下的这一"不露痕迹的管理术"的另一个特征,表现在作为领导者,他努力营造了组织(如派系)内部的良好气氛这一点上。

对一个出色的领导者来说,这一点同样是不可缺少的重要条件,如田中角荣,他就很好地做到了这一点。

关于这一点,在中国的军事家吴起,对魏国武将们所讲的"四轻、二重、一信"的领导学、部下管理术中也有所体现。他用这三个词概括出了所谓领导者的应有模式。

所谓"四轻",如果对组织这一存在,从今天的角度作一番诠释的话,可以解释为:

一、对部下的工作要看得轻,上司不要指手画脚,要让部下觉得自己有足够的能力。

二、领导者应努力将周围的人际关系看得轻一些。

三、消除常规、惯例等给人的重压感。

四、营造自由的气氛,改正上司压制部下的工作方法。

此外,所谓"二重",指的是重赏和重罚,即彻底地实行赏罚分明的"有功必赏,有过必罚主义"。"一信"指的是,上司要在努力建立同部下的信赖关系上多下功夫。其中的"四轻",正是启发领导者们要做组织内的气氛营造者。

除此之外,中国最早的兵书《孙子》也有如下阐述:

"故善战者,求之于势不责于人。任势者,其战人也,如转木石。"

"故善战人之势,如转圆石于千仞之山者,势也。"

名将不只依赖将士的努力,更应重视集体的势气。善于创造和利用有利的作战态势的名将,指挥军队作战,就像滚动木头、石头一般。也就是告诫领导者去积极营造良好的气氛。

平成4年(1992年)去世的,有着"世界的本田"之称的本田技研工业的创始人本田宗一郎,就是靠着这种营造气氛的管理术,虽然起步最晚,却最终战胜了F1(杂交一代),创立起了在引擎技术方面堪称世界一流的企业。据说本田经常身穿红衬衣在公司里亮相,到处自我吹嘘,说什么"俺是飞车族的始祖"啦,"俺在洛杉矶还养过女人哩"等不着边际的混话,就这样久而久之,培养起了同公司职员之间的"伙伴意识"。

本田说:"对公司来说,没有比这种'伙伴意识'更好的了,大家都能够精神放松、心情愉快地工作。这样一来,还能不断产生新的想法。我只需握住'最后一票'就行了。"

至少小泉首相同自民党内众多的"非小泉势力"之间,没有这种"伙伴意识"的交流,这是令人惋惜的。

关于竹下的管理术,有这样的评价:

"没有人比他更了解政界的力学,可谓天才。"(宫泽喜一原首相)

"真是个善于用人、统揽全局的能手,在这一点上,无人可比。"(后藤田正晴原副总理)

小泉首相要实现"改革",学一学竹下式的组织管理术,肯定是只会有益,不会有害。

第二章

"忍耐哲学"的效用和原则

"以自我为中心的时代"告终

1. 不做任何自我宣传而掌握天下的秘密

下面进入竹下式领导模式的分论。

"我很庆幸自己度过了真正幸运的人生。因此我时刻告诫自己'不要以为是自己的力量',而我也一直是这样做的。"

无论是阅读有关竹下的许多采访报道,还是在笔者所作的首相辞职后的杂志采访中,他总要说起这同样的一句话。竹下这一人物虽然以"谋划、谋划、再谋划"型的政治家而闻名,另一方面,他的"不要以为是自己的力量"这种有人才有己的态度也是很显著的。正因为如此，他才能本着"忍耐哲学"的精神，绝不宣扬自己，无论遇到什么事情，都努力克制自己，不发怒，并将这些作为自己的处世原则，从年轻时代起就致力于人际关系网的构筑。而且，他的不做任何自我宣传的态度贯穿了他的一生。

说起来，竹下出任国会议员以后，真可谓是逆境、打击、失意接踵而来，而他从没有流露出任何怨言。

如，出任政务次长是同届当选者之中最后一个；在国对（国事对策）副委员长这一职位上一干就是六届，长达五年之久；甚至对第一副干事长、干事长代理的职务也都能处之泰然；就是在有了阁僚经历后，又被安置到党的全国组织委员长这一无足轻重的职位上时，也没表露过丝毫不满。就是说他甘心忍受了带有"副"、"代理"字眼的头衔。再有，在田中角荣原首相手下时，常常受到摆布，一直被压制着头角，以至迟迟未能实现掌握天下的宏愿。可以说，取得政权之前的长达三十年左右的国会议员生活，对他来说，大半是在持续的忍耐中度过的。如此的忍耐，就连那宽容的基督、圣贤孔子恐怕至少也要流露一丝不满，或是动怒一下吧。而竹下却绝对没有，他可真称得上是一个"惊人的家伙"。

进一步讲，竹下的厉害之处更在于他把那些逆境、失意、受压制的经历统统变成了日后的营养这一点上。人生无论处于怎样的环境、立场，肯定有所收获。竹下年轻时就懂得了"败中学"，一帆

风顺时反倒学不到什么东西这样一个道理。为此他甚至自己心甘情愿去任闲职,在这一点上真可以说是与众不同。举个例子说,一个实业家被调任闲职的话,通常是一直混到下一次人事变动。那样一来就什么也学不到了。而竹下却是在为自己的将来打基础,他在收集原始矿石,用来磨制成光彩夺目的宝石来装点自己未来的人生。

有这样一个插曲。

竹下于昭和33年(1958年)5月,辞去一直担任的岛根县议会议员职务,在自民党的许可之下初次参加了大选,并在岛根全县五个名额之中,以得票数第一而当选。然而,没承想在这次选举中却闹出了大量的违反选举的事例。事情是这样的:选举的最后阶段,大家认为"这种局势非常好",而来了兴头,于是聚集起来的近百名支持者,喝酒祝贺,使得气势大为高涨。由于总负责的选举事务长给付了酒钱,结果致使96人遭到逮捕。

这一意外事件,对竹下来说,弄不好可能会受到牵连而使当选无效,而一旦初次当选无效的话,也许就再也没有机会挑战国家政治了;况且还必须要保护热心于自己的选举,并为此被捕的96位支持者。当选的喜悦转瞬即逝,竹下的人生面临着巨大的转折点。

竹下用自己矮小的身材顶住了这场迎面而来的大风暴。他首先请所属派系的老板佐藤荣作介绍律师。由于当时自己还是清贫的新国会议员,根本无力支付被捕者的保释金、其家属的生活费及辩护费用等,因而不得不向当时任自民党干事长的川岛正次郎低头求助。当时,现在担任参议院自民党干事长的青木干雄,以早稻田大学雄辩会学生的身份担任竹下的秘书,他曾四处奔走,但却一筹莫展。最后还是在资金的出纳上比较痛快的川岛给解了围,他没等竹下说完就拿出50万日元(约合现在的五六百万日元),说:"事不宜迟,快做处理!"最后,经过法庭斗争,竹下获胜,免受了牵连,但是他却体味到了体重减半、冷汗三斗的苦境。

然而,竹下的惊人之处在于,在这场风波中没有撇下被捕者,而是从头到尾地照顾他们,因而加强了同支持者之间的情感纽带,使他们成为不久以后自己取得天下的核心力量。

96名被捕者中,后来有5人出任县议会议员,这些人的支持者又当选为县议会议员。这样岛根县议会,到竹下晚年时,竟出现了控制议会过半数的"竹下县议会"的局面。没有当选县议员的其他被捕者们,也组成了坚实的竹下后援会。由于这些后援力量的存在,竹下除1次第二位、1次第三位当选外,在14次当选之中,事实上有12次是首位当选。从这里我们可以看出竹下的非凡之处:他把困境当作营养和财富,把它转化成了自己在不久的将来取得天下的原动力。

骄奢者不长久。所谓的"惊人的家伙"势必要巩固自己的脚下,不逃避身处的环境、立场。那么在他的骨子里无疑要潜藏着忍

耐、克制之类的法宝。

昭和初期,有一位名叫高桥是清的总理大臣,他被誉为"不倒翁宰相",曾为日本近代资本主义的确立做出过巨大贡献。他在昭和11年(1936年)2月26日发生的"二·二六事件"中,倒在叛军的枪口之下。正像"不倒翁宰相"所蕴含的那样,他的人生七起八落,坎坷不平,一生中饱尝了逆境、不幸、失意生活的考验。

是青少年时代远涉重洋去美国学习进取精神,却险些被卖为奴隶;回国后当教师又无法胜任;还尝试着做过投机商,搞过银矿开发,结果都以失败告终。就这样他走过了坎坷不平的前半生。他虽也迷恋于酒色,然而人品清高,又十分好学,自然人们都看在眼里。结果受到当时的权势者的垂青,很快就当上了日本银行总裁,后来进入政界出任大藏大臣,后又作为首相,应付了昭和初期的金融危机、财政重组等大的事件。

是清的惊人之处在于,无论在多么艰苦的情况下,都能忍耐,决不逃避,即勇于正面接受困难。这种态度贯穿了他的整个人生。

在这点上,竹下也与之有着相似之处。下面我们就以小故事为中心来分析竹下的"忍耐哲学"的效用和原则。

2. 领导者首先要做到"沉默与忍耐",礼尽于人人自动

竹下初次担任真正的职位,是在昭和38年(1963年)12月,也就是第三次当选后就任的通产省政务次长。那时,初次当选时的同届议员们都早已当上政务次长多时了。就是说,他是同届之中最后一个做上政务次长的。

当时的政务次长,由于可有可无并没有太大的影响力,所以还被人们称为"盲肠",也是为官僚们所不齿的职位。也许是这个缘故吧,绝大多数的当上政务次长的议员,顶多是回到自己的选举区,鼓起鼻孔吹吹"次长风",吹嘘一下政府机关如何如何,因忽视了学习提高而就此止步的情况占多数。

然而,竹下对于最后一个就任政务次长的屈辱并没有放在心上,而是名副其实地默默地实践着后来成了他的口头语的"政治家需要沉默和忍耐"这一信条。由此他获得了两大营养和财富。顺便说一下,这里所说的"政治家"适用于一切组织的领导者。

一是人际关系网的扩大,二是确保了作为自民党政治家不可缺少的政治资金的渠道。

对于前者,竹下的手法是这样的。

各政府部门向国会提出法律草案时,首先局长、副局长、部长级的官员们要走访执政党和各在野党,对法律草案的内容进行说明,请求各方在审议时能够高抬贵手。有时,来自在野党的反对呼声很高,多数情况下工作毫无进展。尽管如此,这些事务官员还是免不了逐一拜访众参两院在野党的法律草案管理委员会的委员们,硬着头皮进行说明。

这种时候,竹下通产政务次长又是怎样做的呢?

他决不像大多数政务次长那样袖手旁观,而是肯定要同事务官员们一同出席现场,阵阵不落,不辞劳苦。这样做的结果,别的不说,至少不光是事务官员,政务次长也亲临现场这件事本身就使说明增加了分量。就是说,竹下在谁都不去做的事务之中,亮出了礼尽于人的一招,由此可以看出,他与其他大多数政务次长根本不是同类。

这一手法还带来了"附加价值"。在他作为通产省政务次长,前往会见的在野党工商委员会委员中,有一些是社会党议员。而当时的社会党议员,有很多是从工会委员长、书记长等干部职务上上来的,他们中的大多数在众议院或参议院中干两届(众议院是8年、参议院是12年)后,便要辞去议员,而竹下当时竟为这些人辞去议员后的工作安排而努力斡旋。

与事务官员一道见过几次面之后,即便是对立面的社会党议员,彼此也会产生感情。作为老板的佐藤荣作笃于这方面的情感运作——当然也是出于"在野党对策"的考虑,因为自己出身于铁道省,所以免不了发动自己的人际关系渠道,为国铁工会出身的社会党议员们争取个顾问之类的职务,以使他们今后的生活有个着落。竹下有时是主动向佐藤进言,有时是在佐藤的指示下,不辞辛苦地为他们物色就业职位的。

那么做这些工作的收获到底是什么呢?首先是扩大了人际关系网。后来,竹下作为国对负责人,在执政党与在野党产生对抗的法律草案问题上,能与事事作对的社会党之间达成修正案、妥协案,从而使之得以成立,也正是因为有来自这些人际关系网的各种信息以及明里暗里的支持的结果。就是说通过不辞辛苦地去拜访别人,礼尽于人的做法,竹下掌握了如何打动人的秘诀。

另外,作为小小的政务次长,确保了稳固的政治资金渠道这一点,也与竹下的"勤奋精神"不无关系。

当时竹下通产省政务次长的上司,即通产省大臣是后来出任众议院议长的福田一。

福田看到,虽说以前在文教委员会负责青少年问题的竹下,对通产省行政一窍不通,但他在工作上却绝不马虎,每天坚持到通产省听取政策方面的讲座,而且一次不落地出席事务官员对在野党进行法律草案说明的现场,对竹下的这种勤奋精神,他感叹不已。福田是一个在观察人方面目光犀利的人物。

福田后来这样评价当时作为部下的竹下：

"真是细致入微，无论什么事情都做得有板有眼儿的。而且在政策的学习上，也比别人加倍的热心。即使遇到有些勉为其难的事情，也从没表现出丝毫的畏难情绪。但也从不推销自己。我当时就想，这样的人物将来肯定会有发展。"

在当时，众议院的工商委员长二阶堂进（后来任自民党副总裁）等人竟干脆说，"非竹下通产省政务次长通过的法律草案，我们就不接受"。从这里可以看出竹下勤奋学习的情况，也可以看出，目光锐利的福田从部下竹下身上，看到了"自民党的希望"。

不久，因内阁改组，福田与竹下都要离开通产省，在分手的前夕，福田送给竹下一件特大礼物。

原来，通产省同很多企业之间有着关系渠道。"给你组织个后援会吧"，福田说完，便从这些企业之中给竹下介绍了几家。有日产、东洋高压、协和发酵等公司，当时参加的几家企业成为后援会的核心。后来，在竹下成为官房副长官时，核心力量的圈子开始扩大起来。待到竹下出任首相时，数量已膨胀为四千多家，成为其他国会议员所望尘莫及、人所公认的"日本第一后援会"。会费是一家公司每月1万日元（一年12万日元），这样，不用费什么口舌，一年就可以收入4亿8000万日元，这项收入长期维持了竹下的政治资金。

人生常常是一种奇缘。试想假如竹下因急于当上政务次长而推销自己,过早地做了其他省厅的政务次长的话,结果会怎么样呢?那样就不可能有机会做通产省的政务次长,也就无缘成为福田这一人物的部下,至于后来的他会创造出怎样的政治资金渠道,能干到哪一级职位,就不得而知了。

其实,竹下在发生违反选举事件后的第三次选举前夕,也许是太受煎熬的缘故吧,曾向佐藤荣作的亲信、很有实力的桥本登美三郎提出过这样的请求:

"这次选举,我很想得到一个职位,为了挨过痛苦的选举,随便哪个省都行,能否请您给安排个政务次长的职位?"

当时,桥本很干脆地说:

"痛苦的选举,要自己去挨。你说哪里的政务次长都行,我看不然,还是应该选择适合自己发展的职位。别着急,有时等待也是必要的。"

结果,竹下在同届之中最后一个就任通产省政务次长,而这却成了竹下日后飞升的出发点。

对竹下来说,也由此知道了忍耐、克制及等待的重要性。

3. 对他人幸福、满足感漠不关心者无法生存的时代

21世纪,企业家的生存条件正在一天天地明晰起来。要知道现在已经进入到了这样一个时代:不管你的英语多么精通,计算机如何熟练,也不管你是在商界,还是在其他的什么组织,都有可能在某一天突然成为精简的对象,丢掉饭碗。

那么,究竟什么是生存的条件呢?

首先,要具备整体上的"平衡感觉",说到底也就是人格魅力。关注同事、部下的幸福和满足感;富有责任感;礼貌待人;对与成绩没有直接关系的工作也能够欣然接受;不发脾气,善于忍耐;拥有开朗的性格;能被人接受,讨人喜欢。21世纪企业家身上所不可缺少的"平衡感觉",指的就是上述这些项目。关键就是说,只顾自己幸福的人会很难生存。恐怕今后公司的人事审定,也会把这作为考核的重点。

竹下深知这种"平衡感觉"的必要性,具体实践是昭和39年(1964年)11月,在第一次佐藤内阁中出任官房副长官时,当时他40岁。

在那之前,竹下的老板佐藤荣作,为了能在即将到来的昭和

39年（1964年）7月的自民党总裁选举中阻止在任的池田勇人首相的"三选"，做了一番准备。他效仿大洋彼岸的美国大总统肯尼迪，据说肯尼迪集合一批学者组成了"肯尼迪智囊团"，来制定选举战略和各种政策，于是他效法肯尼迪的做法，组织了一个以佐藤的第一个文字（罗马字母）命名的"S作战"计划推进小组。初次就任通产省政务次长的竹下，也被允许参加了主要由爱知揆一（后来任藏相）等一批"政策通"组成的这个计划推进小组。足以看出当时的竹下已经迅速成长为了一名出类拔萃的决策者。

总裁选举的结果，池田取得了"三选"的成功，佐藤在四名竞选者之中名列第二位，只好忍气吞声。顺便提一下，这一次的总裁选举，由于多数派的活动，出现了前所未有的实弹（金钱）乱飞的局面，以至于在选举结束时，跳出了"灯笼裤"（从两个派系接受金钱，日语为双关语）、"三得利"（从三个派系得到好处）、"万能"（从所有派系收取金钱）等词语，被派往对方阵营打探动静的"密探部队"一词也应运而生。派系的雏形也是以这次总裁选举为契机确立起来的。

再说池田，虽然取得了"三选"的成功，却因为得了癌症，不得已于当年的10月宣布辞职，并于11月9日，提名佐藤荣作出任后继总裁。政权就这样进行了交替，佐藤当天就作为首相运作了内阁。他将其他阁僚全部留任，只更换了内阁的关键职务，即有着首相内助之称的官房长官，起用了亲信中的亲信桥本登美三郎。

桥本当即向佐藤推荐竹下出任官房副长官来辅助自己,"虽然年轻,但很能干……"。佐藤听了,不假思索地说:"那好,就他吧!"就这样竹下官房副长官被敲定。可以看出竹下虽然年轻,却深得上司器重。

官房副长官这一职位,可以说是政治家通往晋升之路的门径。由于时刻置身于首相官邸,不离总理左右,可以获悉国内外一级情报,对政治动向也可以了如指掌。另一方面,为了使重要法律草案得以通过,还要跑前跑后去疏通执政党和在野党之间的关系。作为政治家想磨炼自己的话,这可以说是一个绝好的职位。

竹下是如何活动的呢?

作为官房长官的桥本,属于粗放型性格,不善于处理琐细事务,所以几乎不动手。经常是说句"竹下君,一切交给你了,你就放手干吧!"便不再过问。于是,竹下官房副长官就只好一个人出马,去进行执政党与在野党之间的关系疏通等,每天忙得头昏眼花。夸张点儿说,简直就是什么事都能干得来的"全能型"人物。

举个例子,那是昭和41年(1966年)1月,佐藤出访美国时的事啦。当他在羽田机场(当时还没有成田机场)等候出发时,大厅里挤满了送行的人。在这种情形下,有必要讲几句话,这就需要佐藤首相作即兴发言,可是桥本官房长官却没有那种"能量"。讲话稿必须在一分钟之内拟好,时间非常紧急,桥本就催促竹下说:"快!你来给简单地写两句!"竹下当即在便条纸上刷刷刷地写了起来。接过便条的佐藤挺起胸膛读到:"我现在要出访美国,我将与杰克逊总统坦率地交换意见,以增进日美友好的成效!"送行的人群中爆发出"万岁、万岁"的欢呼声。真是有应变之才!可见对佐藤首相、桥本官房长官来说,竹下不仅什么事情都能做得来,而且至少能得80分,实在是个"得力的助手"。

后来,谈到当时的竹下官房副长官,在疏通执政党和在野党之间关系方面的巧妙手法时,桥本感慨地说:

"竹下君这个人,首先是重情谊,这对于政治家来说是最根本的。他还不耍手腕,即使是同在野党之间的谈话,也决不敷衍了事,而是认真地听取对方的意见。打个比方,如果线断了,他决不会系个结了事,而是将细小的纤维一根一根精心地捻在一起,接起来。这是一项极其需要智慧和毅力的工作,而他就是这么做的。我当时就预见到他不久会成就大事的。"(《竹下登其人》)

这样,竹下通过自己的努力,得到了佐藤首相、桥本官房长官的信赖,同时又通过悉心听取意见,赢得了在野党议员们的信赖。就是说,他虽然意识到了自己是"全能"型的人物,但却很好地把握住了整体上的"平衡感觉"。

竹下经常使用"少年时期"一词,在笔者以往的采访中也是如此。它指的不是通常意义上的儿童时代,用竹下的话来说,是指自己作为政治家开始真正起步的这一"官房副长官时代"。

就是说,对竹下来说,通过这一官房副长官时代,他懂得了退

后一步的"全力投球",才能掌握政治的制高点这一道理,而且也知晓了它的分量。应该说,竹下作为政治家的出发点正是这一职位。

长期以来的"以自我为中心的时代",已经超越了政治界的范围而全面告终。在今后的时代里,对他人的幸福、满足感缺乏关注的人将难以生存,竹下提前告诉了我们这个道理。

4. 从彻底听取他人意见找到突破口,人生从"弯路"、"无用的时间"中更能有所收获

从昭和41年(1966年)8月到昭和46年(1971年)7月,竹下连续6届、历时5年,担任国会对策(国对)副委员长一职,这是前无古人的。而这么长时间去不掉"副"字,在战后政治史上,也是绝无仅有的。竹下的顶头上司,即委员长,从佐佐木秀世开始,接下来是后来担任通产省政务次长时的上司、通产省大臣福田一,此外,还有长谷川四郎、园田直、塚原俊郎,共达5人之多。部长连换了5人,而却让同一个人作为副部长,在5个人的手下忍受屈辱,

这在公司里是绝对没有的现象。

再者说,没有比国会运营更加费心劳神的政治领域啦。要是国会出现混乱,执政党强行表决与在野党拒绝审议的局面连绵不绝的话,无疑议会政治将陷于瘫痪。因此,长期以来采取这样一种方法:在执政党和在野党之间设有协商场所——即分设在众参两院的国会对策委员会(国对委)和议员运营委员会(议运委)。这样,不管国会如何混乱,可以在这些地方进行非正式的谈判,来探求和解的途径。首先,纠纷在国对委进行议论,待到结论已大体上形成的时候,再拿到作为议长咨询机关的议运委上进行形式上的表决。这就好比在公司里,在营业、生产、宣传等各部门对销售方针均已形成各自的意见、主张的前提下,作为主管销售的负责人下到各部门,对这些意见、主张进行协调,从而决定最终的销售方针。总之,是个很费神的差事。

这还不算,在竹下任国对副委员长这一时期,还正好赶上自民党和社会党之间的所谓"自社对抗"的时代,执政党和在野党之间事事对着干。特别是,由于掌握政权的佐藤荣作"强硬态度一边倒",所作所为都会招致在野党的反对。这样一来,竹下国对副委员长也就自然成了众矢之的。而这一时期又偏偏是个多事之秋。又是"黑雾事件"(60年代中期日本国内连续出现的一系列腐败行为的统称。——译者注);又是审议通过种种法案。这些法案包括:旨在提高政府管理下的健康保险和船员保险的保险费率的"健保特例

法"、以平定校园纠纷为目的的"大学立法"、提高国铁旅客票价的"国铁二法"、以增加自卫官人数为目的的"防卫二法"等。而领导竹下的五位委员长又都是个个信得过他,所以一句"交给你啦!"就不再过问。就是说,都是竹下一个人忙过来的。

竹下的国对方法,即协调执政党与在野党关系的手法,与前任官房副长官时代的手法相同,就是"彻底听取对方的意见,发掘和解点"。

这一手法,即使在今天,也可以作为自民党国对工作者的"教典"。归纳起来有以下三点,这三点称得上是"竹下训言"。

一、磨薄鞋底,穿梭于国会中。即时刻不放松同党内、在野党之间的关系培养。

二、忘却政策性。即不要讲大道理,要认真地听取在野党的意见。哪怕是无稽之谈,也要老老实实地去听。这样,问题的和解点、法案修订的着手点等,就会自然浮出水面。

三、拜会比自己年长、当选次数比自己多的人时,必须亲自前往。

竹下国对副委员长近乎愚直地履行了这几条。

竹下后来这样打趣社会党干部:

"你们这些人动不动就说'又中了竹下的圈套啦',我可是一次也没有占先过呀,都是听你们讲啦,不是吗?"

如"健保特例法"就是一个例子,虽然当时竹下也在努力寻找彻底解决的途径,可是却举步维艰。后来,耐不住性子的自民党干部,把竹下叫到跟前,指示说:"我们想来个和平解决,速战速决,就像当年江户城的无血开城那样。你去同在野党谈,搞一次像当年西乡隆盛和胜海舟那样的会谈! 不能再耽搁啦,得尽快找出一条通过协商使法案成立的路子来!"可是,竹下没有蛮干,而是通过以前培植起来的人际关系网,与社会党的政策负责人下平正一搭上了话,商定了此事,甚至双方已经谈妥了要起草一份书面材料,表示同意法案成立。然而,遗憾的是,社会党内部对法案成立没能最终达成一致,甚至还有人指控当时的社会党书记长成田知巳"没有遵守公党规约",致使事态发展到了成田知巳被迫辞职的地步。

可是,在这一过程中,竹下本人由于自始至终认真地听取对方的意见,从而进一步赢得了社会党方面的信赖,与此同时还扩大了在野党人际关系网。对竹下来说,这可以说是一次切实的财产积累的过程。

在"大学立法"时,情形也是一样。位居竹下之下的末席国对副委员长中有一位是中川一郎(后任农相),当时,有"中川拆桥竹下修"的说法。就是说,中川的角色是在强行表决的现场发出信号,进行强行表决。完事之后,就轮到竹下出场啦。竹下要利用他在在野党中的人际关系网,奔走道歉,努力去修复执政党与在野党之间的关系。各在野党虽然对强行表决憋着一肚子气,可是,过

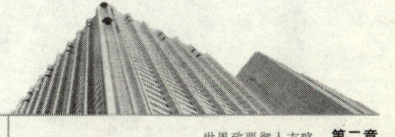

后一见竹下来登门道歉,就连蛮横的社会党也会因"竹下的面子驳不得",而常常是就此息事宁人。

当时的自民党干部这样评价竹下:

"竹下这个人,首先是遵守诺言,而且善于照顾人。如果有哪位在国对交过心的在野党议员在选举中落选,在那期间,他会从物质和精神两方面给予关照。这样,如果这个落选议员再次当选的话,就会成为竹下与在野党之间强有力的关系渠道。竹下无论在怎样的情况下,都会全力以赴地完成赋予自己的工作。这是他了不起的地方。正是这勤奋不懈的努力,造就了日后的竹下。"

竹下后来这样评价被称为竹下派的"希望"、"王牌"时的桥本龙太郎(交代一下,桥本这个人头脑聪明,可能是因此而恃才傲物的关系吧,所以一直没能培植起自己的手下、亲信。直到现在仍是如此。):

"桥本龙太郎君,才华出众,悟性又好,政策方面更没说的,而且又一表人才。可是,要提个要求的话,怎么说呢,虽说没必要像我这样见人就'抱歉!抱歉!'的,但是起码要做到这一点,即使答案是明摆着的,还是要认真地听对方讲,就是说听听别人思考过程中所走的'弯路'也是必要的。世界上满口废话的人多的是,如果能听进去那些废话,我敢说,桥本君肯定会成为了不起的人。"

在这里,竹下告诉了我们"无用哲学"的真正含义。

"通过在国会中的讨论,相互进行智力较量,才能够得到国民

的理解,你能说这是无用的吗!虽然可以强行表决,但却往往要付出十几倍的辛苦,去寻找彻底的和解点、去修复关系,谁又能说这是在做无用功呢!"

可以说,人生根本就不存在什么"做无用功的时间"。包括挫折、空虚、无聊在内,都是让人进行某种思考的时间。

就是说有朝一日,这一切都终究会发挥作用的。

5. 对于被赋予的工作竭尽全力,人际关系网自会构筑起来

竹下的惊人之处,不仅是对赋予自己的工作全力而为,比如说,让他当国对副委员长,他就一心投入国会运营;他的惊人之处更在于,仿佛他的后背上也长着一只明亮的眼睛,就是说,他还随时留意着方方面面。

下面是几个这方面的话题。

"在田中角荣任干事长的昭和44年(1969年)12月的大选中,羽田孜(原首相)、小泽一郎(现任自民党党首)等一批青年初次当选。在这些新人面前,竹下国对副委员长就像对待刚入学的小学生一样,细致入微地热心指导:'我是竹下,衷心祝贺你们当选。如果有什么困难、不清楚的地方,尽管来找我。对了,不知道你

们都希望去哪个委员会？''首先，要熟悉国会的气氛，再就是，以后每天都要来国对委员会办公室报到。在国对委，能够听到所有同国会相关的法律，可以学到法律知识，还可以听到在各部会上所做的说明。总之，会让你们有所收获。'等等。

还有，他还带领新人们熟悉国会内的环境，如告诉新议员们，'这儿是议员食堂，吃饭的地方。要是找大臣有事的话，周三、周五召开内阁会议，到时候在这儿可以等到大臣'，真是无微不至。羽田等人后来说'原以为前辈议员很可怕，没想到他那么热情，我们都打心眼儿里感激'。因为能做到这一点的，历代的国对委员长就不用说了，就是国对副委员长也是绝无仅有的。"

"在昭和42年（1967年）1月的大选中，公明党首次赢得了众议院席位。在他们初登众议院那天，竹下竟出迎到国会内的电梯旁，躬身施礼说：'我是自民党国对副委员长竹下，现在我领诸位去公明党议员的房间。'这批议员中有竹入义胜（原委员长）、矢野绚也（原书记长）等人。也是以这件事为契机，竹下后来同公明党、创价学会之间建立起了有力的渠道。"

以上都是来自自民党的证言，但竹下所关注、留意的对象远不止这些。

"来到国对委就会受益匪浅，所以一定要每天都来。"他把忠实地履行他的这句话，且比别人加倍努力的年轻人，提拔到了适当的职位，为强化将来的人际关系网打下了坚实的基础。

本来，政务次长的人事安排是由官房长官负责的，可是当时的保利茂官房长官，将此事委托给了竹下。机会难得，于是，竹下国对副委员长精心挑选好学上进的人，让桥本龙太郎任厚生省政务次长，小渊惠三任邮政省政务次长，中川一郎任大藏省政务次长，渡边美智雄任农林省政务次长。后来几经寒暑，这四个人中，两人出任首相，一人做到副总理，一人干到了农林大臣，并参加了总裁选举。真是出色的人事安排！由此可见，竹下在观察人方面，也是独具慧眼的。

与此同时，他又接到了老板佐藤首相"寻找全国的'优质库存品'"的指示。所谓的"优质库存品"，是指今后可胜任国会议员的、被埋没的人才。对竹下来说，这件事也是正中下怀。于是，他广泛挖掘有培养前途的官僚、国会议员后代、地方议员，后来从这些人中诞生了野中广务(原干事长)、渡部恒三(现众议院副议长)等30多名众议院议员。自然，这些人日后在竹下伺机夺取政权时，形成了他的强有力的人际关系网。

竹下对被赋予的工作全力以赴，工作手法细腻，而且善于关注事物，这也是老板佐藤器重他的重要原因。

在此顺便说一下，后来与竹下成为"盟友"关系的金丸信(原副总理)，也被誉为"国对能手"，但是他的手法与竹下略有不同。

竹下与金丸，年龄上虽然金丸年长10岁，但却是于同一届初次当选的。由于同是出身于县议员，又同为佐藤派，更巧的是议员

会馆的房间也是挨着的,所以亲近了起来。前面已经提到过,初次当选后,有一段时间,由于两人都是穷国会议员,没有专车,所以外出时,时常是两人共搭一辆出租车,此外,两人还经常结伴,到国铁新桥站铁架桥下的烤鸡店去,在那里喝大碗酒消愁。甚至,因选举缺少备战资金,两人还曾一起扯着一个大包袱皮,到佐藤荣作那里讨过钱。

两人手法的差异是很明显的。

身材魁梧,拿到柔道七段的金丸,后来当上了国对委员长。说起来,这是昭和 30 年代(1955～1965)的事啦。当时他还是一个普通的国对委员。那段时间,执政党与在野党之间,在"警察官职务执行法"、"日美安全保障条约修正案"等法案的成立问题上,冲突激烈,动不动就在国会上大打出手。每逢这种时候,金丸就有了用武之地。他仗着身大力不亏,总是冲在最前面,经常是突破在野党议员、秘书团的重重包围,将当时的众议院议长清濑一郎护送到议长席上。而身材矮小的竹下,遇到这种场面,就只能靠边儿站啦。

然而,就是这么一位金丸,在国对呆得久了,竟然也研究出一套智慧、原则来。他的这一套智慧、原则,同前一项中竹下在国对工作中总结出的"竹下训诫",在某些地方很相似。

一、讲道理。

二、为他人不辞劳苦。

三、重视人际关系。

四、帮人解难。

可是,与竹下的百般细心不同,金丸这个人有时会不管不顾,不时地蹦出几句充满胆量和自信,听起来就像恫吓一样的"大话",而且动不动就什么都豁出去了。举个例子,这是后话啦,当田中派决定推举中曾根康弘做首相时,对中曾根讨厌得出了名的金丸,就说出了这样的话,使中曾根毛骨悚然。他说:

"你记住,一旦发生问题时,我可饶不了你,我一定和你拼命!"

另外,在同在野党的国对成员打麻将时,竹下会适当地让着对方,可是金丸就想不到这一点,在这方面他要粗略得多。

后来,竹下做上了首相,而金丸却没能如愿。就是说,总是比别人多一倍细心的竹下,在笼络人方面,要比金丸技高一筹。

6. 竹下连续担任屈居人下的"副~"、"代理~",而他却把这些经历变成了自己切实的营养

对连续担任国对副委员长达六届五年之久的竹下,党内传出

了这样的猜测："这么长时间被晒在那儿，莫不是得罪了谁，或者有什么过失吧？"这种情况，就等同于在一个企业里，要是谁在一个不起眼儿的职位上呆的时间太长了，人们就会议论纷纷，背地里猜测"肯定是上边在整他"。

虽然不久之后，竹下从官房长官、建设大臣、预算委员长、大藏大臣到自民党干事长，逐步升级，可是这再次应了"一进一退"这一说法。出任官房长官之后，又降为副干事长；建设大臣之后，做了自民党全国组织委员长；大藏大臣之后，做了自民党选举制度调查委员长、自民党代理干事长。从这一进一退中，可以看出他的晋升之路充满了坎坷。

比如说，全国组织委员长这一职位，可以说是田中对他的"降职"处理。原因是，在田中角荣原首相因涉嫌洛克希德事件而被舆论纠缠的当口儿，竹下却在田中的死对头，即当时的三木武夫首相的一手提拔下，坐上了建设大臣的位置。这件事令田中勃然大怒，于是有了这个结局。选举制度调查委员长这一职位，情形也一样。由于在藏相任上的时候，"盟友"金丸信到处宣扬"新老交替论"，要求当权者总辞职；竹下本人也在大选的演说中，不慎说出"这次选举有新老交替的趋势"这样的话来，从而激怒了以"选举后台老板"自居的田中。就这样，在田中的"竹下！你给我去擦地！"的怒吼声中，又一次被降了职。这两个职位，对至少已做过阁僚，何况已做到了藏相职务的竹下来说，是地地道道的闲职、屈居人下的职位。

而且,副干事长、代理干事长,对竹下来说,这又是有着命运的捉弄意味的"副～"、"代理～",就是说,竹下一次又一次地品尝到了忍耐、克制的滋味。

这就像在公司里,刚当上部长,又被降格为科长,一番忍耐之后,好不容易够到了董事的位置,没想到第二天又被调回去当了部长。当着当着部长,又突然被调到偏僻的地方去任支店长,或者受命前往相关公司。不难想象,经过这样一番折腾,就算是有些涵养的人,也难免要想:"把我当成什么了!"最后把辞职书一摔,扬长而去。更何况,这种做法本身就让人觉得荒唐,所以一般来说,在被降格的头衔和被遣派的职位上,是很难投入热情去工作的。

然而竹下则不然,即使在这种情形之下,他照例能把一切变成自己的财富、营养。不管处于什么样的职位,他都丝毫没有混日子的念头,相反,他总是开动脑筋全身心地投入,从而不断加深周围的人对他的信赖感,这是他的过人之处。

具体来说,任副干事长,是在田中角荣政权中,在桥本登美三郎手下;任代理干事长,是在其后的铃木善幸政权中,在二阶堂进干事长手下工作。说起来,这两个上司都是有名的粗略性格。

对竹下来说,与桥本的合作,是继官房长官——官房副长官以来,六年后的又一次联手。桥本这个人,性格粗略,甚至曾经闹出过这样的笑话,那是在任官房长官时的一次记者招待会上,当

时正赶上乌干达总统访日,当有记者问"总理现在在干什么"时,他脱口而出:"正在同乌干达先生会谈。"说完后竟还全然不觉。记者反问道:"乌干达该是国名吧?"这时他才恍然大悟:"啊,是吗?!"可见他有多么漫不经心。

很多时候,他干脆说:"我是名誉干事长,竹下君才是实质的干事长,所以,有事请问竹下君好啦。"就这样把工作推给了竹下,自己落得清闲自在。因此,从党内的事先疏通到国会对策,竹下都要处理,最后连 NHK 的国会讨论会,也每次都由他代理出席。桥本仅出席过一次,其余都是竹下代劳的。

另一位二阶堂,也是性格粗略,跟桥本比,有过之而无不及。NHK 的国会讨论,同桥本一样,也是只出席了第一次,第二次以后便以"竹下君,好像你比我适合这种场合"为由,交给竹下,撒手不管了。另外,二阶堂还把原本属于干事长职责的,众参两院的委员长的人事任命也委托给了竹下,让他来安排。

在这期间,还发生了一件事。那就是昭和 58 年(1983 年)的通常国会上,出现了关系到修改预算案的减税问题。这一次,二阶堂又是那句"交给你啦",便把这一棘手的工作推给了竹下。于是竹下同各在野党的书记长、书记局长进行了激烈的辩论。在这次同干事长、书记长(书记局长)的谈判中,竹下同样运用了拿手的"听取对方的意见,从中找出突破口"的手法。与此同时,他还发挥了策划家本领,拉拢另一个重要人物——当时任"日本工会总评议会"事务局长的富塚三夫,最终说服了在野党。

在这一阶段,当然,有幸(?)遇上性格粗略的上司也是一个方面,但是更主要的是,他对带有"副"、"代理"字样的职位能够忍辱负重、尽职尽责,从而让党内意识到了"还有一个竹下";同时,他又很好地抓住了作为 NHK 国会讨论的常客,向全国展示自己的契机,成功地让人们看到了比原尺寸大得多的"竹下形象"。

此外,在屈居全国组织委员长、选举制度调查会长等闲职时也一样。

全国组织委员长只是名字响亮,其实不过是地方组织的组织者、管理者而已。可是,在这里的工作也为竹下带来了"好运"。

当时,被迫辞职的三木武夫首相作为"临别赠言",建议纳入预备选举制度,让全国的党员都有机会投一票,以增加总裁选举的开放程度。经过研究,决定将在福田赳夫政权下的昭和 53 年(1978 年)的总裁选举中实施这一制度。担任全国组织委员长的竹下,自然成了实施预备选举这一重大活动的直接负责人。为了让全国都来了解这项制度,竹下用了两年时间,走遍了 47 个都道府县的所有自民党相关机构,共 210 处。

还有,在任选举制度调查会长时,由于有"钱酷区"之称的参议院全国选区,对于候选人来说负担过于沉重,因而他被委托引进比例代表制。当时,无论党内还是在野党都强烈反对,结果,竹下硬是靠着天生的韧劲儿,使这一法案在两年后,他担任代理干

事长时最终得以成立。

自民党的一位资深议员说:

"在全国组织委员长任上时,两年走遍全国,让自民党的都道府县联合会知道了自己的名字,这样一来自然发展了人际关系网,同时还掌握了选举的秘诀。在选举制度调查会长任上时,又进一步掌握了选举的关键所在。就是说经历了这两个清闲职位后,竹下成了公认的党内首屈一指的'选举专家'。对'选举专家',哪个敢不敬让三分!可以说,竹下就此拿到了通往大人物的护照。"

7. 被选拔之时的实力发挥水平将决定一个人的未来

竹下在国对副委员长职位上,经历了六届五年的忍耐、克制之后,于昭和46年(1971年)7月,在第三次佐藤改组内阁,即佐藤政权的最后内阁中,作为官房长官初次进入内阁,在同届之中第一个实现了入阁的夙愿。回想起当时的情形,竹下感慨地说:"说句心里话,那次人事提拔,简直有青云直上的感觉。"

竹下当时刚实现第五次当选,47岁,对当时论资排辈观念还相当严重的阁僚人事来说,这的确是一次人事提拔。这也说明对善于忍耐、克制,任劳任怨的竹下,佐藤荣作首相是一直看在眼里的。对此,同届的议员中有这样的抱怨:"以前总是让别人先行,而在这最关键的入阁问题上却捷足先登啦。看来,他那是在麻痹别人,为的是捞取最大好处,真是用心险恶!"

佐藤不顾这些抱怨,大胆任用了竹下。他对竹下说:"任用你,这是一次大胆的人事安排。你年轻,要发挥这个优势,但是还要记住做事要脚踏实地。"

然而,在沉浮不定的政治生涯中得到这个荣耀的官房长官职位,其实是接受了一件倒霉的差事。

之所以这样说,因为在他在任的一年中,简直是一波未平一波又起,接二连三地发生动摇内阁的事件、事故。这种处境,好比一个公司职员,荣升为部长本来是件好事,可是没想到,还没等坐稳呢,时代的变化就接踵而来,这种情况下,如果不能排除困难,留下业绩的话,就有被追究失职的危险。

事件、事故像泥石流一样接连不断地直击佐藤内阁。

首先,在就任第十天头上,就遭遇了"尼克松冲击",即得到了美国大总统尼克松闪电般地访问了中国的消息。因为当时政府内普遍认为,美国会继续采取"封锁中国政策",所以在这件事上才会受到如此大的冲击。同时,由于美国方面没有任何的事前通告,这对佐藤内阁来说等于受到了双重冲击。而竹下官房长官的处境就更难啦,不仅面临着在记者招待会上,被记者们追问得直冒冷汗的窘境,同时,作为官房长官,还要受到来自自民党内部和在野

党的严厉追究,一时间成了众矢之的。

"尼克松冲击"还没有完全平息,又发生了在岩手县雫石上空,全日空客机与自卫队飞机相撞的事故,死者达162人之多。由于牵涉到这起事故的责任,增原惠吉防卫厅长官引咎辞职。可是,接替他的西村直巳,因为在记者招待会上信口开河,说什么"联合国真是滑稽,不分小国大国,都同样捏着一票,简直像农村的信用合作社一样",没过几天又不得不进行了更换。

另外,新年过后,原健三郎劳动大臣又因为胡说"去养老院的人是下等中的下等"而被赶下了台。不久,由于在神奈川县川崎市进行的断崖崩塌试验中,发生了死伤事故,致使平泉涉科学技术厅长官也被迫引咎辞职。就这样,在不到半年的时间里,竟有四位阁僚相继辞职,这种事态是前所未有的。媒体不约而同地称之为"蜥蜴断尾之政权延命策",大肆渲染佐藤政权末期的黯淡。

受难还远没有终止。继"尼克松冲击"之后,又发生了"第二次尼克松冲击",即所谓的美元冲击。美国单方面停止了美元和黄金的兑换制度,并发表声明说,要对进口货征收10%的进口附加税。为此,在东京外汇市场,人们纷纷抛售美元,致使日本银行无力购买。在这种情况下,日本政府被迫将以往的固定汇率制度改为了浮动汇率制度。后来,在十国财政部长会议上,日元由原来的1美元=360日元,升至1美元=308日元,以此为契机日本开始了在外汇市场上的新的起步。

在当时,即昭和46年(1971年)的时候,不用说普通国民,就连国会议员也对日元比率、日元升值、日元贬值之类的概念缺乏理解。甚至有的议员,还闹出了诸如此类的完全搞反了的笑话:"说是今后日元要不断升值,等到1美元兑换1千日元的时候,告诉我一声!"

除这些杂乱的事态以外,还接连发生了外交、内政混杂的受难事件,包括中国加入联合国问题、日美纤维谈判、公害问题等,所以人们给竹下起了"内阁繁忙长官"、"内阁国对长官"这样的"别名"。

竹下官房长官是如何应对处理、如何渡过这受难的漩涡的呢?

当时,从大藏省调来,任官房长官秘书官的藤井裕久(现任自由党干事长)是这样说的。顺便介绍一下,这位藤井,后来在细川护熙、羽田孜两个"非自民党政权"中担任了大藏大臣。从竹下后来被称为"大藏省的首领"这一点考虑,可以肯定这是竹下"认可"的结果。就是说,因为竹下对做过自己秘书官的藤井各方面都很了解,才让他做大藏大臣的。

"(对一系列事件、事故的处理)可以说,一切都是竹下先生的独角戏。虽说最终的决断是由总理来做的,而决断前的与在野党的交涉、党内调整等,都是竹下先生一个人来做的。(关于日元升值)总之,他举的例子非常巧妙。对有孩子在美国留学的人,他这样解释:'就是说,今后寄去同样多的钱,孩子拿到手的美元要比现在多。'对一般国民,他通俗易懂地说:'到时候可以比现在便宜地买到进口牛肉。'坦率地讲,我觉得竹下先生并没有学过什么日元比率,可是他却理解得那么透彻,准确地抓住了事物的本质!"(《竹下登其人》)

就是在这一期间,他也没有忽视人际关系网的构建。

如,当他听说早稻田大学雄辩会的后辈,当时为新国会议员的渡部恒三(现任众议院副议长),因椎间盘突出的老毛病做了手术后,尽管公务繁忙,还是抽时间到庆应医院去看望。这是他就任官房长官第三天头上的事儿。

渡部感慨地说:"竹下被特别提拔,作为官房长官进入内阁,当时,作为新国会议员、雄辩会的后辈,我在医院里很是得意。没想到,那种时候他还在百忙之中特意来探望我,我非常感动,当时就在心里暗暗起誓,不久一定要让他当上总理。"果然,渡部后来在从田中派扯旗另立竹下派的过程中,一直冲锋在前。

后来,竹下在昭和49年(1974年)11月,田中角荣内阁的最后改组中,再次就任官房长官。由于在佐藤内阁中也是最后一届官房长官,这样他共拉上了两个内阁的帷幕,故而还留下了"闭幕官房长官"的绰号。

8. 大隈重信说"发怒气怒声,有百害而无一益"

时而被称为"杂役",时而毫不保留地表现全知全能,从而获得了"惊人的家伙"的赞叹声的竹下,在经历了漫长的、同时又是在博得周围的信赖和人际关系网构筑方面收获丰厚的、忍辱负重的政治生活之后,在佐藤、田中两内阁中担任了官房长官,之后,又在三木内阁中任建设大臣,在大平(正芳)政权下,任众议院预算委员长和大藏大臣,在中曾根政权下再次出任大藏大臣和自民党干事长,就这样,虽然是一进一退的晋升方式,但还是一步一步地走到了夺取政权的阶段。

可是,即使是在这些重要的职位上,也没有好到哪里去。在大平政权下任预算委员长时,执政党与在野党在国会的势力不相上下。在这种情况下,委员会成为逆转委员会,不得不彻底地走与在野党协商的路线。而预算委员长的职位又是一个很微妙的角色,如果失败了,就没有了出人头地的机会;顺利过关的话,以后就一定会被委以重任,所以做起来有如履薄冰的感觉。此外,任大藏大臣时也一样,在当时的赤字财政下,不得不进行着极其艰难的财政运营。

通过这些磨炼，有了些自信的竹下开始有了夺取天下的想法。

如，从在佐藤内阁当上官房长官那一天起，他就把以前一喝醉酒就哼唱的换了词儿的"咚锵小调"给封了起来，因为作为滑稽调来说有点儿过火。他改后的词是这样的：

　　讲和条约　吉田茂
　　日苏协定　是鸠山
　　今日佐藤　冲绳返
　　十年之后　竹下登
　　咚锵咚咚锵　咚咚锵

　　佐藤政权　稳又稳
　　后继田中　或福田
　　虽说人才　数不清
　　十年之后　竹下登
　　咚锵咚咚锵　咚咚锵

可是，昭和60年（1985年），在田中角荣府举行的新年联欢会上，竹下时隔十年又大胆地哼起了这曲小调。这是在表明自己即将采取行动，夺取天下。可想而知，在一旁听着的田中角荣，会是怎样一种心情。

这是因为，对辞去首相虽已十年有余，却还想握着实权不撒手的田中来说,竹下的这一"变化",不能不使他心惊胆寒。因为,田中一直坚信,要想保持自身的影响力,必须遏制田中派"第二把手"竹下的崛起。

因此,在这一时期,田中不时地在竹下的耳边说些十分刻薄的话:

"自太政官(明治政府的最高官厅。1885 年,因内阁制度成立而废止。——译者注)制度以来,还没有哪一位首相是乡下县议会出身的呢!"

田中与竹下的这种暗斗,从竹下在大平内阁就任大藏大臣以后,迅速加剧了起来。两人的这种隔阂,一直持续到竹下当着田中的面儿,哼唱"咚锵小调"大约两个月后,也就是田中因脑梗塞病倒的那一天为止。可见,竹下长期以来,一直没能摆脱田中的控制。

可是,在田中倒下之后,竹下仍然在继续忍耐和克制。田中倒下不久,田中派就解散了。他先是以原田中派中的竹下帮"创政会"为立足点,等待了大约两年半时间,后来又发起了"经世会",最后,才终于在昭和 62 年 11 月登上了首相的宝座。回想一下这个过程,简直是经受了纺纱般的毅力与苦涩的考验,这是多么漫长的忍耐、克制的岁月啊!

对这种竹下手法进行了长期观察的小泽一郎(现任自民党党首),使用了"天生的"一词。他说:

"克制力那么强的人,我至今为止还从未见到过。至少像我这样的人,是无论如何也模仿不来的,他的超出常人的忍耐力只能说是天生的。"

这里顺便说一下,用于"忍耐、克制"之意的"我慢"(相当于汉语的忍耐、忍受之意)一词原本是佛教用语。起初不用于积极意义,是与"以自我为中心主义"的自满、傲慢这些词为同一类别的词语。是"坚持己见、一意孤行"的意思。由于自满、傲慢的人多不肯服输,有吃苦耐劳的一面,由此"我慢"一词在今天才转义为"有忍耐力、有克制力"的意思。

竹下式的这种忍耐、克制的特征,总结成一点就是,不管心里多么生气,哪怕是怒上心头呢,也决不冲别人发火,甚至根本就不表现出来。只有一次,那是在战争中的昭和20年(1945年),当时,竹下正在陆军飞行队工作。那一次,不知为了什么事,他对前来探亲的妻子突然提高了嗓门。据说打那以后的55年中,他再没训斥过谁,冲谁发过火,所以还真像前面小泽一郎所说的,可以说是"天生的"。

有这样的证言:

"竹下君真是个不知道发火的人。不发火,可以说是他的处世原则。没对孩子发过火,没对妻子发过火,所以更何况对别人发火啦。因为他是这样的一种性格,所以在有的人眼里可能会显得窝囊,而在有的人看来,这却是一种完美的人格,就像被打了左耳光后,又主动让人打右耳光一样,让人无可挑剔。也难怪,听说出云(出云为岛根县旧称,竹下是岛根县出身)的神就是和平主义者嘛。"(金丸信原自民党副总裁)

"竹下的三女儿公子说过'父亲一直教导我们千万不要发火,要克制,不要给人添麻烦,要做个好孩子'。他要求孩子这样,对自己就更加严格啦,决不对别人发火,甚至从来不拿话教训人。竹下派经世会那会儿的成员中,他冲哪个发过火?哪个也没有啊!他与出云出身的,那位曾说过'赐予我各种苦难吧'的山中鹿之介是一样的人生态度。"(渡部恒三众议院副议长)

早稻田大学的创建者大隈重信,曾经以胡乱冲人发脾气而闻名。可是后来出任首相时,这个毛病却不翼而飞啦。那是因为他接受了亲信、实业家五代友厚给他讲的"政治家之大忌"的忠告。五代友厚是这样说的:

"发怒气怒声者,有百害而无一益。发怒气怒声者,失德望之原因也。"

竹下似乎是把大学老前辈大隈的早年当作了反面教材,而对上面的那句话,却吸收为自己的处世原则了。

对人生来说,挫折经历还是多些为好。上了年纪之后另当别论,年轻时,的确应该多去经历些挫折,因为它会让我们学到很多

很多的东西。

  能认识到这一点,什么身处逆境、屈居人下也就变成了大好事。要知道,忍耐、克制必定会给我们带来光明。

世界政要御人方略　第三章

第二章

窃取竹下式的"关照术" | "人性力量"是这样锤炼的

1. 竹下半夜上厕所都会照顾到夫人,而特意去楼下

依靠贯彻罕有的"忍耐哲学"登到权力顶峰的竹下登,还有另一个"手法",那就是对周围人的极其绝妙的"关照"。

在前一章中也多处出现了这方面的事例,那么在这一章里,我们将细致入微地追寻一下竹下式关照术的轨迹。

如,下面这件事,可以说具有相当高的战术水平。

不管对方是谁,见面总是先赔礼道歉。用竹下的话来说,就是"抱歉！抱歉！"这样一来，即使对方在气头上，也没法冲着他挥拳头。本来嘛，就算没什么表示也是正常的，人家毕竟是原首相啊，所以对这种"见面礼"，谁也不会感到不快。

竹下生前的个人事务所，设在永田町的 TBR 大楼里。即使在辞掉首相以后，每次出电梯的时候，他也总是要在别人面前做一个"合掌"的动作再往外走。他身材矮小，可是再矮小再枯干也是原首相啊，挺起胸脯堂堂正正向外走，谁也说不出什么。然而竹下却丝毫没有表现出"盛气凌人"的姿态。笔者也曾在 TBR 大楼里的电梯上，实际遇到过那种场面。

而更为可贵的是，他的这种姿态能够始终如一、表里一致。即使在家庭内部也不会走样，就是说已经渗透到他的骨子里了。

"外界都说父亲善于关照，其实这在家里也是一样的，这一点很让人佩服。别人不说，就说对待家里的年轻保姆们吧，每次回来晚的时候，都要对她们说上一句：'又回来晚了，抱歉！抱歉！已经不早了，快休息吧。'就连我也很难做到这点的。所以在我这做女儿的看来，也觉得很吃惊呢！"（三女儿公子）

"我丈夫富有忍耐精神、善于关照人，好像天生就为当政治家似的。在家里也从不发牢骚，对我也是一样地关心。就连夜里上厕所，也要特意跑到楼下去呢，说是担心冲厕所的水声把我吵醒。"（直子夫人）

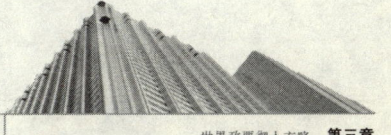

这是来自家人的证言。

此外，还有一个人物，也是依靠这种"低姿态"而赢得了周围的信赖。这个人就是田中角荣原首相。前面说过，竹下的低姿态已渗透到了骨子里，与此相同，田中的低姿态也是极其自然而真实的。就是说，偶尔会表现出"高姿态"，听不进别人意见的田中，能在眨眼之间毫不做作地转变为"低姿态"。

有许多这样的话题。

昭和37年（1962年），田中在第二次池田内阁中，作为无学历者被破格提拔为大藏大臣。下面要讲的，是在那之后不久发生的，他当着大藏省干部的面，忍不住流下大滴的眼泪，而后又道歉的事儿。

"那一次出席内阁会议前，田中听取了大藏省的局长所作的事前说明，然后在内阁会议上做了发言。会后返回到大藏省的田中，得意洋洋地对那位局长谈起了他的讲话内容。没想到，听着听着，局长脸上显出诧异的表情。这时候，在场的当时的官房长官佐藤一郎（原国会议员）一语道破：'大臣，您现在讲的与我们事先给您的资料以及所作的说明不一样啊！'田中的脸色眼看着就变了，与佐藤官房长官你一言我一语地对质了起来。

'我可没有拿到什么资料！''不，的确是交给您了！'

'从你们那儿拿来的资料,我全部都要阅读。要是拿到了的话应该是读了的。''可是,的确是交给您了,不会错的!'

这时,只见田中的双眼开始落下大颗的泪来,屋里的气氛一下子变得尴尬起来。马上醒悟过来的田中,转身走进大臣办公室的洗手间,拧大自来水龙头,在哗哗哗的响声里洗了脸,然后回到高官们面前,说道:'抱歉!抱歉!好像是我搞错了。好吧,现在我洗耳恭听。'之后,双方又有说有笑的了。从这件事以后,高官们中间传出了'田中这个人,是个大丈夫'的说法。"(原大藏省干部)

田中与后藤田正晴原副总理之间也留下了这样的故事,这位后藤田正晴,是他最器重、最信赖的人物,亲信中的亲信。

"刚任首相,处在顶峰期的田中,有一次不知怎么,突然说出'警察们办事太迟钝'这样一句话来。在一旁听着的警察厅出身的后藤田表情严肃地说:'这话可不能随便说,总理!您现在是上升之龙,说说也许没什么,如果是下降之龙的话,说话不看对象,可是要摔跤的。'

还有一件事。在昭和56年的东京都议会议员选举中,自民党勉强取胜。当时,后藤田当着尚未摆脱洛克希德事件追究的田中的面说:'出现这种结果,根本不能说自民党胜了,都怪田中不该到各地去演讲。'自然,田中听后,就拉下了脸。

可是,在这两件事之后,田中都作了自我检讨。第一次他

对心腹说'我说了得罪后藤田的话';第二次他说'我确实不应该出头露面,到各地演讲。去跟后藤田道歉,说我错了'。据说,他说这些话的时候,一副很颓丧的样子。你想,后藤田过后听到田中的这些话,能不对他更加忠心吗!"(原田中派担当记者)

还有一件事,那是在昭和47年(1972年)。当时,田中与福田赳夫之间,正上演着激烈的"角福"总裁竞选。那段日子,田中派的许多议员秘书,在当时的田中派事务所(砂防会馆内),彻夜忙于竞选宣言等文件的发送。在那期间,不管多晚,田中每天必定要来慰问他们。而且每次都要深鞠一躬:

"实在抱歉,辛苦诸位啦!"

当时田中派的一位干部秘书这样说:

"永田町虽说很大,而像我们老板这一级别的大腕儿政治家,还没有谁能在那种时候挨个儿鞠躬道谢呢。难怪秘书们都说:'要是头儿需要,愿意追随到死!''要是先生的号令,上刀山下火海在所不辞!'"

低下你高贵的头吧!多低头,肯定没坏处。就是说,如果你能够做到这一点,你就会成为一个很了不起的人的。因为,肯低头,是"关照"中的高等战术。

2. 做个不厌其烦的"杂谈名手"吧！这样会讨人喜欢

竹下这个人物，同时还是个罕见的"杂谈名手"。于杂谈之中进行若无其事的关照，从而拉拢对方，这是他的强项。

当年在竹下内阁中任邮政大臣的中山正晖，后来有这样的感怀：

"身为大臣，那时候常往首相官邸的总理办公室跑，因此有机会亲身感受到了竹下的'怀柔'战术，让我感叹不已。有几次，在我跟他谈完了工作上的事儿，转身往外走的时候，被他从后面叫住，当我答应着回过头去的时候，他很关切地说：'中山，我看你好像很忙，要适当注意身体呀！'

虽说是不起眼的一句话，可是还没有哪个总理能说出这样的话吧。哎，让他那么一说，没有不被深深感动的，是不由自主的感动。心想可得为这个人努力工作，这就是人情吧。要是他对其他阁僚也使用了这一'手'的话，可以说是了不起的人心收揽术呢！"

此外，与竹下关系密切的政治部记者有这样的证言：

"竹下是靠着天生的待人和气、办事圆滑，不断地把人拉拢到

自己身边的。可以说，他是这方面的典型人物。例如，就连参加与记者们的恳谈会迟到了，也肯定要说：'哎呀，让你们久等了，抱歉！抱歉！'哪怕对方来早了，而自己并没有迟到，也同样要道歉。

还有，在国会的院内时，一有时间，便有事没事地往在野党的休息室跑，跟他们聊天，聊得不亦乐乎。我听过他们闲聊，他从不说'有什么难处吗'之类庸俗的话。因为他比谁都清楚，那样开头的话，对方是不会说心里话的。所以他总是笑眯眯地问些'你们是怎么想的呢'之类的。这样一来，对方会自觉不自觉地上他的圈套，把原本不想说的较为真实的想法等都一古脑儿地说出来。过后，他再顺藤摸瓜，去弄清在野党的那些'难处'。

所以，遇到执政党与在野党对立的时候，从在野党方面来说，往往因为'竹下出面不能不给面子'而走上和解的途径。真是摸透了'闲聊妙用'的第一人啊。"

竹下的这种"杂谈妙用"，在"讨好老人"方面也很有威力。无论哪个时代，老年人都是孤寂的。不管曾经多么有威望的人物，再也不会像从前那样门庭若市。早在任国对副委员长的时候，竹下就在履行着"对于年长者和当选次数比自己多的人一定要上门拜访"的"自戒"，同时还一有空儿就去拜访那些闲来无事的资深议员、老前辈议员们，同他们谈得很投机。

"被拜访的议员无法不喜欢竹下,肯定逢人便说'前些天,竹下君来了,他可真爱学习,我看竹下君准有出息'之类的话。这话不久也会传到党内当权者的耳朵里,于是就会产生试用竹下的念头。或许可以说,正是通过讨人喜欢,特别是讨老年人喜欢,竹下才一步一步升上去的。"(前面提到的与竹下关系亲密的政治部记者)

靠着"讨好老人"而培养起人际关系网的另一个人物是小泽一郎(现在为自民党党首)。

田中角荣原首相在没得病那会儿,很喜欢小泽,总是"一郎、一郎"地叫着。其中有一个鲜为人知的原因,那就是小泽在身为普通国会议员时,经常往位于东京目白的田中官邸跑,陪喜欢将棋(日本式象棋——译者注)的田中下棋。田中是有名的急性子,他跟人下棋,每一局也就15到20分钟,啪啪啪一路进攻,根本不给对方思考的功夫。常常是等到战局不利了,就会发出"嗯——""嗯——"的声音,露出一脸苦相。而且输了的话,就会要求"再来一局",再输了呢,"再来一局"。据说不管下几局,小泽从来没有厌烦的表示。就这样,通过陪田中下棋,加深了田中对他的印象。

还有一件事。

小泽作为自民党干事长,一手承担了平成2年(1990年)的大选,使自民党以绝对优势获胜。据说这一次,小泽从财界集结了

300亿日元的巨额款项,作为党的选举资金。

"给人以执拗、傲慢印象的小泽,却在财界很有人缘。如今在财界,仍有许多老年的'小泽追随者',如,经济团体联合会的平岩外四会长就是最有代表性的一位。才华不外露、不出风头、稍有点腼腆却不做作。而且,知晓礼节、善解人意,对于给自己关照的新相识,不忘诚恳地写信表示感谢;对于给自己帮助的人,不忘寻找机会回报,这就是小泽。这种待人接物的方式,使他尤其受到老年人的喜爱。在政界也一样,对那些没人愿意接近的资深议员、老前辈议员,他都主动登门拜访,并一直同他们保持着交往。还不是因了这些,才能在任干事长时,从财界拉来巨额的选举资金吗!"(旧竹下派资深议员)

说起小泽,他与竹下一样,也是某种意义上的"杂谈名手"。所谓的"杂谈名手",也可说是"恭维名手"。恭维,可以帮你制造一种气氛,增强与对方之间的亲近感。被人抬高,没有人会不高兴。要知道,连一句恭维话都说不好的人,是很难把对方拉拢过来的。

这样,竹下,还有小泽,一边在增加得力的"帮手",一边又在努力构建智囊团。只有拥有智囊团,才会使自己有两倍、三倍的提高。没有智囊团的人,也就没有了后劲儿。

要达到以上目的,最重要的是要成为讨人喜欢的人,为此也有必要成为"杂谈名手"。

3. 首先要迎合对方的标准，即使对方失败也不要令其难堪

一个人，如果没有某种心理上的宽容，就不可能成为竹下、小泽那样的"杂谈名手"、"恭维名手"，也不可能发挥奉献精神。像那种战战兢兢、勉为其难的关照，难免让人产生紧张感和戒备心理。竹下的种种关照，都能给人以宽松感，这也是他的关照的过人之处。

总之，他的关照方式是极其高超的。有一个词叫超出常规，竹下的关照就近似于这种感觉。

首先一点是对别人的要求绝不说"不"。

如，大选时的声援演说。老板佐藤荣作，由于奔忙于全国各地的声援，很多时候根本挤不出时间回自己的山口县选区。每当这种时候，就对竹下说"你替我去一趟吧"。于是，竹下每次都发挥出我们所熟悉的"杂役"本领，常常是作为代理又参加辩论演说又参加誓师大会的，忙得不亦乐乎。结果，老板每次都能当选，竹下也一次次地越发受到器重。

另外，与竹下一样，同为早稻田大学老一辈雄辩会会员，于平

成8年（1996年）去世的小说家丰田行二，曾对笔者（笔者为早稻田大学雄辩会晚辈）讲过这样的事情：

"竹下这个人，我觉得他的本质特征在于总能给人一种宽松感。就是说他不争强好胜、也没有架子。举个好的例子，要是你能参加一次老雄辩会会员会的话，就不用我说了。在这种集会上，如果有人提议各界的长者一起拍张纪念照的话，他都会很痛快地答应；而且与在校的学生单个拍照时也是一样，不会说'不'。有时可能会有些情绪不快，但肯定都会答应的。田中角荣，也常在目白自己的家中，同前来的请愿者合影留念，但同单个人拍照，他嫌麻烦，从不答应。可是竹下就能做到。只是，这种时候，他总要大声宣布：'一个人可只有20秒哦！'这句话都成了他的口头禅啦。

还有，竹下是岛根县议员出身。从地方议员上来的人，都有通晓百姓心理的优势，而且，从不患得患失，对钱也很看得开。因此，别人不愿做的事儿，他却不会拒绝。他能够感知到对方需要的是什么，从而能够自始至终地迎合对方。可见他的关照，完全发自于这种不同寻常的'人格力量'。"

这种关照对在野党、新闻记者及官僚也不例外。

比如说，还有这样一些让人难以相信，但却是事实的事儿。有时，会有些不学无术的在野党议员，搞不清在委员会上提出什么样的问题，才能听到掌声。他们就来求竹下，带着哭腔说："帮我写几个提问的问题吧!"于是,竹下就会给他们列出几项。他想出的问题,既抓住了要点,又不至于难住被提问的政府委员,常常令对方感激不尽。

还有,在同新闻记者的见面会上,如在他任官房长官、官房副长官的时候,有时没有可报道的新闻材料。每逢这种时候,考虑到记者们会为第二天的标题而犯难,就时常为他们提供一些小故事,供他们做个花边新闻什么的,让记者们喜出望外。

与竹下关系亲密的一位原政治部记者感慨地说:"他从保利茂(原干事长)和椎名悦三郎(原自民党副总裁)那里学到了一些答辩的秘诀。他们大致是这样教导年轻时的竹下的:

'即使在野党提出了错误的问题,在答辩时也绝对不可点破。不仅如此,还要认真地给予回答,不露声色地让对方意识到似乎自己搞错了问题的关键。这样做,用不了不久,就会生效的。'
'在记者招待会上也一样,有时会有人提一些前言不搭后语的问题,这种时候,也绝对不能说我不懂你所提问题的意思之类的话,不然对方会在其他记者前丢面子的。还是要不露声色地给予回答,让他在听你的回答中,意识到自己所提的问题错了。这样,受到维护的那位记者,以后就算你有失误,他也不会写攻击你的报道了。'竹下,他终生都在履行这种做法,所以才有人支持他。"

的确是给人以宽松感。

还有，在任大藏大臣时，竹下从没间断过往大藏省各个房间的电冰箱里"放东西"。在夏天，职员们可以随时喝到清凉的啤酒、罐装咖啡、果汁以及各种茶类。

"等到了竹下以后的藏相，电冰箱就总是空空的了。职员们自然要比较啦，'想想人家竹下那时候……'。竹下式的这种细心的关照，说起来，也是竹下成为'大藏省头领'的一个重要原因。"（原大藏省担当记者）

可是，与竹下同时期的大腕政治家中，有一位叫河本敏夫的人物。他是现在的自民党旧河本派创始人，已于今年5月去世。他也曾跃跃欲试，想夺取天下来着，结果呢，虽说也担任过通产大臣等几个重要的职务，却终于没能实现夙愿。

这位河本，为人耿直、认死理儿，最讨厌歪门邪道，还是位超乎寻常的合理主义者。与以宽松为本的竹下，简直有天壤之别。

河本任普通国会议员时，以酒量大闻名，还有很多跟喝酒有关的小故事。如，要把饭店的老板娘从窗户扔出去；要往夏天的硬壳平顶草帽里倒满啤酒，来个一口干，等等。甚至还有过在银座跟出租车司机吵架，被送到警察局的经历。可是，自从有一次发誓要戒酒之后，就铁了心。从昭和27年（1952年）春天往后，每次出席宴会，就喝日本茶；参加聚会，就只喝果汁，硬是做到了滴酒不沾。这样一来，凡是有河本参加的宴会，气氛就会异常沉闷。弄得别人在宴会后,还总要另找个地方去排遣。河本说:"酒会造成三种浪费:一是喝酒时间的浪费;二是醒酒时间的浪费;三是反省时间的浪费"。吃饭时间也一样,他说"细嚼慢咽是消磨时间"。所以他一直把吃饭时间规定为五分钟。

"派系会议,也不像人家那样谈笑风生,自始至终都是一根筋的讨论,所以会后大家常常感到筋疲力尽。'玩笑、逗乐等到会后再说!'河本会长实在是太富于合理思想啦。"(原河本派议员)

就是说,这位与竹下完全走相反路线的彻底的合理主义者、与宽松不沾边儿的河本,由于没有拥戴者,结果与天下失之交臂了。

德国哲学家康德在《纯理性批判》一书中说"如果我们不断地去追求理性、合理性的话,那么不久等待人类的将是永久的和平"。然而,上百年后的今天,一直追求着理性、合理性的人类,却仍与'和平社会'无缘。人类社会不是只靠理性、合理性就能运作的。就是说,竹下式的"非合理性"的功能也是有必要学一学的。

4. 竹下式关照术 "像中草药似的慢慢生效"

人们都说,竹下式的关照"像中草药似的慢慢生效"。

下面就来讲两个充盈着智慧的这方面的故事。

一个是昭和63年（1988年）6月10日的事儿。这一天，身为首相的竹下要与福田赳夫会谈。

竹下本来定好上午九点与福田会面的，可是却把福田给撂在那儿了。他说"九点有内阁会议，看来是不行了"。而当时并没有召开国会，按规定，非国会期间的内阁会议是十点钟才开始。这事儿真有些蹊跷。

福田原以为竹下九点肯定会来的，可是就是不见影。他焦急地等了一阵儿，见没什么动静，就退席了。而竹下呢，像事先估计好了似的，很从容地往赤坂王子饭店内的福田事务所挂了个电话。

"实在是抱歉！我还以为内阁会议是九点呢，原来是十点开始。我刚从法国访问回来，看来是时差反应，把时间给搞错了。我想马上见您，您看……"可是，这会儿再见面，时间已经有些晚了，福田没好气地说了句"反正也不是什么急事，再说吧"就咔的一声挂断了电话。

接下来发生的事儿才是竹下式关照的精彩部分。

第二天，竹下立刻登门拜访福田。在门口连声说："抱歉！抱歉！"然后，挠着脑袋说，"是时差反应。您看这事儿，真是抱歉！"说完，又给福田深深地鞠了一躬。福田呢，自然是一下子来了精

神。

有人分析说,这件事是竹下设计的一个极其高超的战略手段。

"什么时差反应,是根本不可能有的事!据说在小渊惠三官房长官(当时)的首相日程表上,明明写着'九点,福田赳夫氏'。再说,那么精明的竹下,会不知道内阁会议从十点开始,这不是笑话吗!因为不管别人怎样不敢说,对竹下来说,像什么'正式会议开几小时'、'内阁会议几点开始',他比谁都清楚。因为严守这些,可是他的最大特长啊。

其实,这件事完全是竹下做的一次"精心安排",目的就是为了有机会去一趟福田府上。你想想,能得到现任总理大臣的大驾来访,谁能不欢喜啊。何况对失去昔日威望的福田原首相来说,现任总理的登门来访,更是比什么都高兴的事情。就是说竹下充分估量到了这一'效果'。

其实,类似这种'突然造访'、'随便走访'是竹下式关照方式的一种。这种关照,过后肯定会慢慢起作用。难怪有人说,慢慢地起作用而没有副作用的竹下式关照'简直就像中草药!'"(原政治部记者)

真是过人的智慧。

还有一件事,就是连田中角荣原首相都被折服了的"千块招

牌事件"。

这件事发生在昭和 47 年（1972 年）7 月投票的参议院选举的活动期间，也是竹下式关照的一个事例。

当时，竹下任内阁官房副长官，田中角荣任自民党干事长。在田中干事长从山口县，途经竹下家乡岛根县，前往鸟取县做选举演说的途中，发生了这件事。

田中进入岛根县境时，竹下已回到了岛根县，目的是声援家乡选出的自民党正式候选人。就在这个时候，听说田中干事长要来。竹下前往山口县与岛根县边境的津和野这个地方，迎接了田中干事长一行。回来时，在沿日本海通往京都方向的九号国道线上，竹下乘坐的开道车，和田中角荣等人坐的车，前后行驶着。

行驶间，田中忽然发现，在公路两边的水泥电线杆旁，每隔几根就立着一块"欢迎田中干事长"的招牌，一直延伸到遥远的地平线处。他很纳闷儿。不久到达米子，大家决定在这儿稍微休息一下。米子因为是鸟取县地，所以竹下的声援在"县外"就没有了用武之地，竖着的招牌也才算到了尽头。

在休息时，田中问："竹下君，那竖着的招牌是你做的吧？"竹下笑了笑说："是的。"田中又问："延续了那么远的距离，到底做了几万块呀？我的演说日程，是十天前刚刚定下的，你怎么能一下子做出几万块？"竹下听了，有些惊讶地问："干事长，您真的没看破我的戏法吗?"语气里透着几分欣喜。

于是竹下说出了真相。

是这样的。招牌的数量其实还不到一千块。首先,把这些招牌全部排下去,可是,不久就到头了。于是在接近尽头的地方,竹下事先聚集好附近乡村的群众等在那里。等车开到这儿的时候,就对田中说"干事长,您看好像聚集了不少人,您在这儿讲一讲吧",于是田中就站到停下来的汽车的顶上,"哎呀诸位,我就是田中角荣……"地讲上一阵儿。就是在这会儿功夫,竹下后援会的小伙子们分乘十几辆卡车,依次收回刚刚经过的那些招牌,在田中结束演说之前,再迅速地把这些招牌排列到下一站要经过的路段上。就是说,在下一个演说点、再下一个演说点,都是同样地重复过来的。

听完事情真相后,田中不由得哈哈大笑。分别前,他拍着竹下的肩膀说:"这么说,我是彻底被你给骗喽!"之后,据说田中愣愣地盯着远去的竹下的背影,看了好半天。

"对竹下准备了绵延不断的竖招牌欢迎自己这件事,田中一方面对这种用心良苦的关照自愧不如、心怀感谢;但是更主要的是,对于竹下的智慧感到了某种威胁,担心这个人将来必定会成为自己的对手。而后来,在田中辞去了总理职务后,两人果然成了那种关系。"(原政治部记者)

要知道,关照有时也取决于你的聪明才智。

5. 扣动他人心弦的"金钱妙用法"

在扯旗另立竹下派的过程中起核心作用的渡部恒三(现任众议院副议长),关于"金钱的功能",说过这样一段话:

"遇到困难时,有人鼓励几句,当然是件高兴的事儿;但是也有一些人,必须靠某种物质上的帮助,才能摆脱困境,重新振作起来。所以,对别人的关照,也就需要从物质和精神两方面考虑。就是说,有时,金钱的意义要高于几句激励的话语。"

竹下的关照术,在妙用金钱方面也不同寻常。他用钱能用得动人心弦、催人泪下。

对政治家来说,最痛苦的莫过于选举的时候,一票之差就可能决定当选或落选,而这无异于决定生死。为此,政治家们到处求爷爷告奶奶,千方百计地筹集资金,恨不能累吐血。像鸡啄米一样点头哈腰地到处借钱不说,还要把家里翻个底朝天。总之,为了选举,不惜血本。很多新人、或者选举根基不稳固的年轻人都是这样的,而非组织政党的自民党尤其显著。

这种时候,最惨的要算主妇们,有时连生活费都要被拿走。

而竹下发挥他的绝技，也就是在这个节骨眼儿上。在竹下担任了大藏大臣，后来又做上了自民党干事长，开始蠢蠢欲动，伺机夺取天下的那段时间里，传出了这样的事儿：

"竹下从选举期间开始，一连几个月，瞒着政治家们，每个月向他们夫人的银行户头汇入30万日元。同一派系的当然不用说啦，还包括其他派系和在野党的一些议员。如，其他派系或在野党议员中，有些人同自己有过某种交情或者在国会运营等方面帮助过自己，就给这些人的夫人也汇去钱。还要附上一句'千万不要告诉您的先生'。

可是，这事儿是总有一天要露馅儿的。如，在竹下要有麻烦的时候，对立面的在野党议员的夫人就会挑明：'我还没跟你说呢，其实……要是没有人家竹下帮助，还不知我们会怎么样呢！'这样一来，做丈夫的也就只好放弃攻势，这种时候，让竹下一步也是人之常情啊。事实上，就是靠着这'射人先射马'战略，竹下有好几次都化险为夷了。"（原政治部记者）

原封不动地"援用"了这种竹下式关照术的是山口敏夫原劳动大臣。山口由于牵涉金钱事件，目前正在公审中。活动能力超群的山口，在昭和51年（1976年），与河野洋平（前外相）等一起叛离自民党，创立了"新自由俱乐部"。河野代表不擅长筹集资金，当时，山口干事长就代替他，独自一人肩负起新自由俱乐部的"吃饭"问

题。

与山口关系密切的原政治部记者对我讲述了这样一件事：

"每次选举之前，山口都要把新自由俱乐部正式候选人的夫人们召集到自民党本部（平河町）后面的一家名叫'南甫园'的中国饭店。他开门见山：'就要到选举战了，可能会给诸位的生活带来不少麻烦，我在此表示歉意，还望诸位做好后方工作！'然后招待她们。临走时，经常是交给每人一份装有中华肉包子的礼品袋。与肉包子一起装在里面的，还有带封带的100万日元。

最后，他还要再加上一句：'这笔钱，诸位千万不可交给你们的先生。100万日元，这点儿钱用于选举的话，眨眼之间也就没影儿了。可是，拿在诸位手里，要是用好了的话，能解决不少问题。比如，前线战士回来晚的时候，给他们两万日元，让他们在回来的路上，找家小酒馆，喝杯啤酒什么的，这样可以让三、四个人解解乏。谢过诸位啦，相信诸位一定会用好这笔钱的。'

据说夫人们无不高兴地流下热泪。这也是新自由俱乐部之所以又被称作'山口党'的原因。就是说，山口也是使用了射人先射马的手法。

然而，竹下和山口的这一"手法"的始祖，可以追溯到田中角荣原首相这位人心收揽术的高手。

田中的故事是这样的。

当年，在田中选举区的中选举区旧新泻三区，一直是田中和社会党的一位名叫三宅正一的国会议员（两人分别为保守派与革新派）在争夺势力。三宅指导过在战后土地改革中充当重要角色的"日农"（日本农民工会），虽然党派不同，田中对他却是怀有敬意。年轻时的田中，还向三宅虚心请教过有关选举的诀窍。就是说，虽然在国会中"自社"进行着对抗，而田中和三宅两人之间却有着某种默契。

在这期间，不久自民党的实力不断攀升，而社会党则开始走入低迷，三宅也随之落选了。

就是在这个时候，田中有了表现的机会。

下面是来自旧新泻三区的田中基础后援组织"越山会"原最高干部的证言：

"三宅落选时，虽说是某种意义上的老对手，但田中却很为他惋惜。终于，他找到了表示的机会。虽说落选之后，议员也有年金。可是，考虑到只靠这点钱有些紧张，于是田中就从每月的零花钱中，拿出20万日元送到三宅府上，直到三宅去世为止。而三宅本人却至死蒙在鼓里。由于田中对三宅手下人严厉地吩咐过'绝对不要对他本人说是我出的钱'，所以在很长一段时间里，只有与三宅非常亲近的一小部分人知道这件事。在这件事上，田中表现得非常淡泊，真让人敬佩！

在选举中,田中常常获得压倒多数的得票率,其实有相当一部分票是来自社会党支持者的。就是说,田中在三宅身上所做的一切,为他赢得了相应的来自社会党的支持。"

使用金钱的关照,同样不可缺少细心的关怀。

6. 你要是上司,别忘了给不走运的部下以人事上的"损失补偿",将来必定起作用

在一般的企业、组织中,许多人拘泥于职位、头衔之类的东西,至少,没有不在乎的人,就不用说是权力抗争场所的政界啦。道理很简单,比如说,当不当大臣、党内要职,直接关系到选举结果的优劣、人际关系网的扩大、资金渠道的畅通等,而且还会成为衡量政治家实力的尺度,所以可是马虎不得的。

竹下就是在看透这种议员心理、政治家属性的基础上,来发挥他那滴水不漏的关照术的。这就是在人事方面的"损失补偿"。

"损失补偿"到底是怎么一回事呢?

如,大臣这个职位,运气好的话,至少可以任职一年左右的时

间；如果不幸遇到一个短命内阁，那就没办法啦，向右看齐，跟着一起下去吧。别说扩大人际关系网、构筑资金渠道啦，连当大臣是什么滋味都还没搞清楚呢，就糊里糊涂地辞职了。这样一来未免太惨了点儿，于是，竹下就要使尽全身解术，给这些大臣创造"第二次"机会。真是天大的关照！竹下把这叫做"损失补偿"。

在这一点上，竹下受佐藤荣作原首相的影响很大，就是说是从佐藤那里学来的经验。

佐藤第一次内阁的第三次改组内阁，由于大选所迫，仅76天就结束了。佐藤觉得阁僚们可怜，所以就在第二次内阁中加以关照，让他们全部留任。虽然佐藤给人的印象是不善言表，但是他的这种关照却比别人要热情一倍。所以，尽管他不受媒体青睐，而在自民党内部的向心力却是非常强大的。

此外，昭和49年（1975年）11月起步的最后一届田中（角荣）内阁仅29天就结束了。当时，竹下是"闭幕官房长官"。田中由于受到财源问题的追究，又加上身体状况恶化，精神、体力都处于最差状态，可能也是在寻找辞职时机吧，所以，那次最后的组阁工作几乎全盘委托给了竹下官房长官。据说当竹下把拟好的组阁名单和国会上的大臣席位顺序拿给他时，他也没细看，只说了句"行啊，就那样吧"。要是在平时，准会独断专行地说："那家伙不行！把那个放到这儿！"这可真是判若两人！可见政权末期的田中，他的精神、体力都已达到了极限。

结果,这个内阁29天就倒台了,阁僚们还没来得及坐一坐盛大的正式会议的大臣席位,就无奈地辞职了。

那之后不久,已身处元老地位的佐藤对竹下说了这么一番话:"那次内阁之中,好像有7个人是第一次进内阁。不到一个月就辞职了,一定会很遗憾。他们的事儿,你要放在心上,近期内再让他们进一次内阁"。辞职后的田中也留下话说:"像你已是第二次进内阁倒没什么,可是那些第一次入阁的,只29天实在有些可怜,以后照顾照顾他们。"

竹下一直把这件事儿放在心上。在之后的三木(武夫)、福田(赳夫)、大平(正芳)、铃木(善幸)、中曾根(康弘)内阁中,时刻都在为这七个人物色进内阁的机会。竹下的特点是,不只照顾自己所属的田中派,对其他派别的议员也一视同仁。结果,竹下使这7个人全部"完成"再次入阁,是在昭和57年(1982年)组阁的中曾根内阁的时候。最后一个是安排只做了29天国土厅长官的丹羽兵助进中曾根内阁,任总务长官。到此为止,共花了8年时间,才算彻底了却了这桩心事。

此外,竹下自己在取得政权后不久就辞了职。事实上,推举出的后任宇野宗佑内阁是个只有68天的短命内阁。这时的第一次入阁者,竹下也没有忽视对他们的"损失补偿"。他把任农林大臣的堀之内久南硬塞进后来的桥本（龙太郎）内阁第二次内阁中，让他担任邮政大臣；把任劳动大臣的堀内光雄塞进第二次改组内阁中，担任通产大臣。丝毫没有拖延地完成了这一次的"损失补偿"。

此外，在当时自己的竹下内阁中，由于自卫舰"滩盐"号与钓鱼船发生撞击事件，致使任防卫厅长官的瓦力被迫引咎辞职，同时顺便将他也塞进第二次桥本改组内阁中，让他任建设大臣，从而愚直地了却了对他进行"损失补偿"的夙愿。

可以看出，竹下对这种"损失补偿"，是非常放在心上的。在一般的企业、组织中，如果能做到这一点，也应该是相当有效的。一般来说，所谓的人事变动不过是一场瞬间性的"悲喜剧"。看到你由于没得到心目中的职位垂头丧气，上司可能会说："等下一次吧，我也帮你努把力。"而这种"努力"又有谁真正做到了呢？这是因为，如果太"努力"了，上司自身的地位就会受到威胁。结果呢，有哪个不心疼自己呢！所以，"努力"也就只能告吹了。

可是，竹下则不然。要搞"损失补偿"，免不了会有人说长道短，如"又塞进一个"之类的。可是，到了竹下这里，"努力"指的就是"实际行动"。从这里也可以看出竹下式关照的特点，那就是，真正的关照，不只限于几句鼓励的话，必须从对方的实际利益出发，采取切实的行动。

自己又不是首相，但却能实际做到"损失补偿"，硬塞进内阁成员，事实上并不是一件容易的事情。除非靠着相当的政治实力，去进行各方面的疏通，否则根本做不到。也就是说，是靠努力来实现的。竹下被称为关照的天才，可见是努力造就了天才。

美国棒球大联赛的投手之中，有一个叫迈克铃木（铃木诚）的。在本赛季过半时，由皇家队经落基山队，转到啤酒商队。他从日本的高中中途退学后，只身去了美国。从没能进入日本职业棒球队这一点来看，他绝对算不得什么天才。可是，他从1A开始，到2A、3A，不断升级，很快就在皇家队里登上了大家公认的换位投手的地位。

铃木如今很自信地在色纸（书写"和歌"、"俳句"等用的方形厚纸——译者注）上写下了"努力创造天才"的词句。不要忘记，被称作"关照天才"的竹下也是个不为人知的非常努力的人。

第四章

弱者的战略 | 精神形成的研究:"为什么能成为大人物"

1. 对《孙子》所云"无胜算不战,避实击虚"的实践

竹下登每次表现出政权欲望时,都会受到田中角荣原首相的压制:"县议会议员出身的人中可没有成为总理的呀!"的确,他不是那种东京大学出身、作为精英官僚顺理成章地进入政界的人物,又没有家族背景、裙带关系,完全是作为非精英人物一步步爬上来的,在政界算是"没有来历"的。从这种意义上说,竹下向中央政界的进军,既没有优势可言,更没有成功希望,可以说是从"弱者"、"败者"的立场出发的。

而要想克服这些因素,必须采取相应的战略。当然,竹下也正是以战略去应对的。他的战略,很像是遵循了脍炙人口的中国兵书《孙子》中的"弱者的战略"原则。

《孙子》中的"弱者的战略"原则有以下六条:

一、无胜算不战。(遇事不可逃避,必须自己积极地去创造取胜的条件。)

二、知彼知己。(要重视情报。)

三、制人而勿制于人。(自己必须掌握主动权。)

四、聚集我方力量,分散敌人力量。(尽量减少敌人。)

五、避实击虚。(无论对方是怎样大的军队,越是大军越有弱点,要攻打它的弱点。)

六、迷惑敌人耳目。(作战贵在欺骗对方。)

可以说,竹下在幼年时期、青年时期,直到后来经过县议会议员,获得进军中央政界的机会之前,通过各种方式承袭、实践了这一"弱者的战略"。既有自己的努力思考所悟,又有来自所受教育和所处环境的影响。

为什么能够成为大人物?檀木萌芽就芳香,这要从根上说起。

竹下于大正13年(1924年)2月26日生于岛根县饭石郡挂合村(从昭和26年(1951年)8月开始改为现在的饭石郡挂合町

大字挂合),他是父亲勇造和母亲唯子的长子。他的祖辈,在江户时代,曾是村中头号地主,并担任村长。竹下出生时的挂合村,人口仅有两千人,位于中国山地(日本行政区划分为8个地区,鸟取、冈山、岛根、广岛、山口5个县为中国地区。中国山地就横跨于这一地区。——译者注)的北侧斜坡上,约85%的下属山村盛产优质蘑菇。竹下日后在演说中,经常半开玩笑地说"人才和蘑菇长于山中",就是因为这个缘故。那时的竹下家,一边经营酿酒作坊,生产一种名叫"日出正宗"的酒,同时又是拥有大面积田地的地主,称得上是那一方的大财主,但还算不得大家名门。

顺便交代一下,日后在中央政界同竹下成为"盟友"的金丸信(原自民党副总裁),在山梨县同样也是酿酒作坊出身,竹下的后任宇野宗佑原首相家也曾在滋贺县从事酿酒业。想起来,这中间似乎有着某种因缘。

正像竹下后来自己所说的那样,童年时期、少年时期的竹下"根本称不上什么英才"。拿学校的成绩来说,也就是"中等偏上""上等偏下"的程度。

从村里的小学毕业后,竹下考入了当时县里有名的旧制松江中学(现在的县立松江北高中)。

在这个学校的毕业生中,有第一个岛根县出身的总理大臣若槻礼次郎。若槻后来从东京帝国大学法学部毕业,以顶尖的成绩进入大藏省成为次长。不久进入中央政界,成为总理大臣。可他不属于那种受欢迎的实力型的人物,总的来说是一位清高的、有着"出云人"特有的"古朴"的总理大臣。倒是在辞职之后,作为重臣在政界具有举足轻重的地位,虽然有一段时期让人感到对军部唯唯诺诺,但是后来在反对日美开战上,又表现出了骨气与冷静。岛根县出身的第二位总理大臣就是竹下,显然他把若槻的某些地方当作反面教材加以了借鉴。

当时的松江中学荟萃了县内的优秀学生。入学后的第一学期,竹下的考试成绩在220人中排在了170名,倒着数要快得多。不过,到了第二学期,靠着努力的天分,又回升到了第50名。而且一入学竹下就进了柔道部。

其实早在柔道部那会儿,他的很多后来特征就已露端倪了。身材矮小的竹下毕业时已取得了二段的资格证,但在同县内其他中学的对抗赛中,从来没有把对手一个个地摔出去的情况。他擅长的是躺着的招数,虽不能取胜,但也常常能打个平手。

到了高年级,在当选手的同时,竹下还兼任领队工作。比起当选手来,他对队员的管理工作更为热心。队员之间要是打了架,出面调解是他的"拿手本领"。与校方交涉,也是他的"拿手本领"。而且,从那时开始就非常善于讲话。如,在赛前,队员们会处于紧张、兴奋状态之中。在为他们举行的选手壮行会上,竹下常常能够以一番巧妙的讲话,来缓解他们的心理压力。在这里,他承袭应用的

是《孙子》"败者的战略"的第三条,即自己一定要掌握主动权这一点。

然而,在松江中学毕业前夕,竹下尝到了前所未有的屈辱,经历了挫折。那就是高中升学考试的失败。

当时,县内的最高学府是旧制松江高中(现在的岛根大学)。松江高中是大正初期新设立的学校,聚集了一批新生力量的教授队伍。因而开始受到大正民主主义浪潮洗礼的县内的优等生,都憧憬着来这里读书,竹下当然也不例外。

虽然旧制时代,特别优秀的学生不用等到五年级,在四年级的时候就可以报考高中,可是竹下在四年级时,未能拿到报考资格,这使他尝到了屈辱。五年级毕业时,他以200人中第20名的成绩,满怀信心地报考了松江高中,结果失败了,这一次他感到的是挫折。他在京都的研数高等预备补习学校补习一年后,第二年又一次挑战松江高中,可是这次又落榜了。竹下的升学之路,至此不得不由公立学校转到了私立学校。这对一个怀着梦想的少年来说,该是多么大的打击啊!于是他不得已进入了早稻田大学的附属高中——早稻田第一高等学院。而这却给他带来了极大的幸运。竹下正是从这个早稻田大学第一高等学院升入了早稻田大学,不久坐到了政界、财界的早稻田大学人际关系网的中心位置上,从而取得了政权的。

如果当初走上了公立学校的求学道路,那就不知道是否还能有竹下的天下啦。对人生来说,柳暗花明的情况时有发生。

2. 谨遵母亲"千万不要对人发火"的教导

竹下家是"母系"家庭。

因此,竹下的母亲唯子,招出云市世家出身的勇造入赘到了竹下家。顺便交代一下,竹下的三个孩子也都是女孩。

竹下的父亲勇造,由于受大正民主主义浪潮的影响,是一位对政治、社会非常关心的人物。唯子也一样,一方面作为竹下家的女户主料理家业,同时又是一位对新的时代风潮比较敏感的女性。竹下在精神形成过程中,更多是受了这位唯子的影响。

唯子在松江女子学校读书的时候,竹下后来两次落榜的旧制松江高中刚刚成立。当时,作为教授,来松高任教的是一位叫福本和夫的人物。

福本从旧制一高、东京帝国大学一毕业,就去了德国留学,钻研马克思主义,回国后发表了题为"马克思主义"的论文,是一位在当时深得知识分子、进步工人支持的人物。后来,他提出了以重建为目标的日本共产党的指导理念"福本主义",还担任"日共"政治部长。当然,在松高的讲台上无法推销共产主义,所以当时是作

为"大众运动"来开展讲座的,受到了县内外的关注。

对新的时代风潮比较敏感又是新型知识分子的唯子,受当时的大正民主主义浪潮的影响,痴迷上了福本所开展的"大众运动"。为此,把竹下家一直引以为荣的名牌酒"日出正宗"改名为"出云大众"。不过,这样一改,很容易让人误认为只是二级酒,而实际上也有特级酒、一级酒,于是不久又改为"出云之誉",一直沿用到今天。

而这位唯子,在教育孩子方面却是非常严格的。小时候,作为独生子的登难免要受到佣人们的溺爱、娇惯,受到福本影响的唯子,在这方面总是严格要求自己的儿子。

她经常教导儿子说:"你是竹下家的嫡长子,自然佣人们都要让着你。这样一来,很容易养成坏脾气。所以你必须做到这一点,哪怕他们说了什么不占理的话,也不能还嘴。而且,对外人也是一样。这一点你要绝对做到,千万不可冲人发火!"

以后,竹下一生都在遵守这一教导。结果,因为不得罪人,从而受到人们的喜爱,逐渐扩大了自己的人际关系网。

竹下后来这样讲道:

"我一直遵守着母亲的教导,一次也没有冲人发过火。其实克制怒气就是战胜自己,是一件很不容易的事儿。"忍受痛苦,正是竹下"忍耐哲学"的根本。

对于孩子们来说,从母亲身上学到的东西要远远多于父亲,特别是男孩子。田中角荣原首相也是这样的。

决定田中一生的，是下面这幅画面，一幅同母亲在一起的画面。

当时，田中正在新泻县刈羽郡二田的普通高等小学读六年级。他的父亲角次是个牛马商，同时还带着两三匹马到各地去赛马。有一次得了个第一，之后他怀揣着得到的一大笔奖金，继续去追他的梦。一天，在位于关卡小屋附近的新泻赛马场赛马时，不幸马在比赛中受了重伤，急需一笔治疗费。"速寄60日元"的电报寄到母亲芙女的手中。当时的60日元是一笔不小的数目，田中家根本拿不出这些钱。不得已少年角荣跟母亲商量，决定到经营木材商店的亲戚家去借。芙女担心年幼的儿子受"委屈"，就说"不用你去"。可是，以前从没跟母亲还过嘴的田中，这次却说服了母亲，自己去了木材商店。

"你爹好像混得不太如意嘛！"木材商店的亲戚说完，拿出60日元，交给了低着头的田中。被人同情的痛苦、无能为力的屈辱，沉重地落到少年角荣的胸中。

田中为了把那笔钱给父亲送去，登上了越后线（现在的上越线）的火车。"要是能当上越后线的站务员就好啦！"芙女曾经对田中的未来这样想过。车窗上映出在田地里挥动着手臂的母亲的身影。他想到父亲转瞬之间就花掉60日元，而母亲要浑身泥浆地干多少日子才能挣来这辛苦钱呀！想到这里，少年

角荣流泪了。这一刻,他的胸中迸发出一种对母亲的强烈的爱。

对孩子来说,可以说从父亲身上学不到什么,至少精神形成的门户一般是由母亲打开的。相比之下,从父亲那里学来的东西简直是微不足道。诸如"我是看着父亲的背影长大的"之类的,不过是一路顺风者的牵强附会而已。与母亲的一声斥责、一行眼泪、瞬间的低头姿势相比,对于多愁善感的童年时期的男孩子来说,父亲的背影又算得了什么呢?

可以说,竹下、田中都是由母亲打开了决定其精神形成的门户,才形成了以后的人生的。

特别是对竹下来说,是母亲教给了他《孙子》"败者的战略"的第四条,即通过克制怒气,尽量减少敌人这一信条。

母亲唯子后来在太平洋战争的战局对日本越来越不利的昭和20年(1945年)3月,因子宫癌在京都的一家医院去世。

当时,竹下正作为陆军飞行学校的教官,从事少年飞行兵的培训工作。由于局势所迫,虽说母亲病危,也没能回去见最后一面。

唯子眼望着医院窗外的军用飞机,在日记上这样写道:

"飞机在空中飞过,会不会是登在里面呢?登是不是也会死呢?"

竹下终生珍藏着母亲的这份日记。

3. 作为地主代表，却在农地解放中倡导佃户生活稳定的竹下，是从革新性、进步性观点出发的

竹下在昭和19年（1944年）8月，作为陆军特别驾驶见习士官志愿投身到了军队之中。这是二战结束的前一年。

虽然考入了早稻田大学第一高等学院，但是战事告急，使得学生们无法安心学习，那时正是学生们相继出征的最高峰。竹下在投身军队的三个月前，刚与朋友的妹妹竹内政江结婚，然而这是"为国献身在所不惜"的出征。顺便交代一下，政江在母亲唯子去世两个月后的昭和20年（1945年）5月早逝。

在士官学校的"同期学员"中，有自民党的梶山静六（原干事长）、近冈理一郎（原科学技术厅长官）、奥田敬和（原运输相）、宫下创平（原防卫厅长官），社民党的伊藤茂（原运输相）。其中与梶山、近冈、奥田三人，又是在田中派中的"同窗"，其后，在竹下夺取天下的过程中，三人又并肩加入竹下派，帮助竹下实现了当总理大臣的夙愿。同时，夺取天下的竹下，没有忘记前面所说的"损失补偿"，对他们的职位分配给予了关照也自不待言。

竹下大约一年左右的军队生活是在辗转各地中度过的。当时军队的战斗力已丧失殆尽，处于没有飞机可飞的状态。他首先到熊谷飞行兵学校轻井泽分教所，之后是长野县野边山分教所、东京调布飞行队，后又回到长野，到伊那分教所，然后又去了埼玉县所泽陆军航空整备学校、东京的少年飞行学校，最后，在滋贺县大津飞行兵学校迎来了战败的厄运。

战败时的大津飞行兵学校有20多个少年飞行兵。

在这里，竹下就已经发挥出了后来的"乐于助人"的一面。虽然自己的复员已经定下来了，而竹下所做的是首先想方设法让20多个少年飞行兵返乡。他亲自与少年飞行兵们的家里取得联系，为他们买好了返乡的火车票，并从国铁大津站把20多人一个一个送上回家的列车。

这段往事，说明了竹下这个人天生所具有的正直、诚实。因为在当时那种情形下，惦记着自己的家及家乡的情况，谁都着急返乡。对竹下来说，心情也是一样的。但是，他却忍耐、克制着这种心情，真是彻底贯彻了与"以自我为中心"的态度格格不入的竹下式作风。不用说，这些比竹下提前返乡的少年飞行兵们，后来在各地立业，在竹下夺取天下时给了他各种各样的支援。总之，人际关系网就是这样编织起来的。"好心会有好报"，指的就是这样的情况。

不久，退伍复员的竹下回到了挂合村的家里。站前蒿草丛生，当时正值梅雨季节,斐伊川河水泛滥,通往挂合村的道路、田地都覆盖着泥水,已经看不出原形了。在盛夏的烈日下,竹下边擦着额头上的汗水,边朝前走,终于到达了离车站30公里远的家里。

"好,我要开始日本的重建。"

松江中学毕业时,还处于朦胧状态的立志成为政治家的想法,在这种情景之中变得切实起来。

后来,竹下夺取天下时提出了"故乡苍生论",其实它的出发点就在于战败时的这种原始情景之中。而这一抱负在43年后才得以"开花"。

竹下首先办理好早稻田大学第一高等学校的复学手续,同时升入早稻田大学商学部。因为高等学校时的军队生活按在学期间来计算,所以只要九月份之前办理好复学手续就可以毕业,并可以升入大学。选择商学部只是因为祖父的一句话:"商学部最适合酿酒匠的儿子"。竹下也没有反驳。

在商学部学习的同时,竹下还经常到国会去,旁听正式会议现场的代表提问等,还去旁听了远东军事审判。在他对政治的关心不断攀升的昭和21年(1946年)11月,在家乡挂合村举行了农地委员会委员的选举。

这个农地委员会是在 GHQ(盟军最高总司令部)的指示下设立的,目的是推进战后的农地解放政策,委员由从地主、佃户、有学识经验者中选出的代表担任,被选举权规定为20岁以上。

竹下的梦想是成为政治家，最后成为国会议员登上国家政治的舞台。可是，凡事都要一步一步地来，不可能一步登上国家政治舞台。作为早稻田大学学生，已于这一年的一月，同一远房亲戚家的女儿直子再婚的竹下，首先在这次选举中作为地主代表参加了选举，并成功当选。

成为农地委员的竹下很快显示出了他的"非凡之处"。在公布的修改农地调整法、自耕农建设特别措施法中，农地解放被限定在水田、旱田的农地范围之内。而作为地主代表的竹下在委员会上竟然作出如下发言，令其他地主脑子里直画问号：

"解放作为佃耕地的水田、旱田，这当然是件好事，可是仅靠这一点，还无法令佃户的生活稳定下来。除农地以外，还必须将草场地（长有牧草的野地）、燃料林（长有可提供燃料木柴的森林和原野）统统解放，这样佃户才有可能获得独立。农地解放应该是血肉相连的，应该全面解放。"

要是佃户代表作这样的发言，还可以理解，而地主代表这样说，算是怎么回事呢？于是同其他的地主代表发生了争论。结果，虽没能达成解放草场地和燃料林的结论，而竹下却率先垂范，征得邻村大地主、本地实力者田部长右卫门（竹下家造酒的权利，也是经他批准的）的支持，以非常低的价格拍卖了五万町步（町步，日本丈量土地、山林面积的单位，约合 99.2 亩。——译者注）的草场地和燃料林。

竹下的这种革新性、进步性传到了 GHQ 那里，人们纷纷相传："岛根县有位优秀的年轻农地委员。"而在挂合村，人们更是交口称赞说："竹下家的阿登真是位了不起的男子汉！"同时,竹下的这种革新性、进步性可也以说是来自于受到"福本主义"影响的母亲唯子。可以说这种革新性、进步性的发挥，是与《孙子》"败者的战略"第一条，即"对事物不可逃避，必须自己积极地创造取胜条件"这一点相一致的。

4. 在中学教师时代领先创建棒球部、实施修学旅行、从事志愿者活动的智慧

昭和 22 年（1947 年）9 月，竹下从早稻田大学商学部毕业，毕业论文是"资本主义思想发展史"。他没有像同班同学那样在东京寻找工作单位，而是毫不犹豫地返回到家乡，暂且在家中帮忙经营酿酒业。

说"帮忙"，是因为在竹下毕业前五个月时日本进行了战后第一次大选，让他看到了举国上下沸腾的景象。这使得竹下对政治的梦想越来越受到刺激，以致于他的心思根本无法投入到家业中。就是说竹下这时已经暗暗下定了"一生从政"的决心。

正当他处于这种心情的时候,在回到家乡3个月后的12月,村中的挂合中学有一份教师的工作找到了竹下。因为在几乎没有大学毕业生的村中,竹下毕竟是早稻田大学毕业的"新型知识分子"。由于得知他在大学里取得了英语一级普通证书,所以学校领导邀请他去担任临时英语教员。而且,又说他连农地委员都干过,而且又干得那么好,干脆顺便再教一门社会科吧。竹下想"一边当教师,一边等待时机"也好,于是答应下邀请,决定暂且教书,就这样站上了讲台。

竹下后来在当地的选举演说中,每次都要讲:"是因为校长对我说'咱这儿是山村,只要能区分开DDT(一种杀虫剂,中文名为滴滴涕。——译者注)和PTA(家长会——译者注)也就行了',我才当了教师的。我觉得要是那样的话,自己还差不多能够胜任。"每次都会引得听众哄然大笑。

这样,身穿国防服、头戴军帽、脚蹬朴齿木屐的"竹下老师"在教授英语、社会的同时,还施展了他的"足智多谋",提高了在校园内的人气。

当时,饭石郡的一部分中学有棒球部,但是挂合中学还没有。竹下立刻置办来手工做的球棒、皮手套,在该校创建了棒球部,还亲自握起了球棒。在战后的混乱时期里,没有任何娱乐的孩子们非常热衷于这项运动。到第二年的昭和23年(1948年),他们已迅速提高了技术,甚至在饭石郡的大赛中取得了冠军,并实现了向出云地区的进军。

另外,他还有个想法,就是送给毕业学生一份"修学旅行"的礼物。与现在不同,当时,在偏僻的乡村,根本没有组织修学旅行的能力。"好吧,那就给学生们留下一份回忆吧!"于是竹下老师想出了这样一条妙计。

首先,把森林工会仅有的一台汽油卡车连同司机一起借来,车厢中铺上榻榻米。为了预防下雨,还在上面搭上车棚。就这样将其改装成了"修学旅行车"。

在学校有关人员、当地居民的盛大欢送中,汽车首先向松江进发,接着是松江城、岛根报社(现在的山阴中央新报社),还去了出云,参观了出云大社(位于岛根县簸川郡的旧官币大社,主要供奉神是大国主神。其主殿结构,是神社建筑中最古老的样式。——译者注)。对于偏僻乡村的学生来说,县内的名胜、古迹等都还没有看过,处处感到新鲜,当亲眼看到作为"言论喉舌"的报社时,那种喜悦和兴奋更是无法形容。

这些学生,后来有很多人活跃在当地的竹下后援会中。综合起来,他们大致是这样描述当时的"竹下老师"的:

"暑假里,我们还集体住在老师家里。可能是在那食物匮乏的时代,想让我们改善一下吧。记得有的学生还冲直子夫人嚷'直子,我肚子饿了',于是老师嗔怪说'你们不该叫直子'。还有,在修学旅行中,得知我们没有看过电影,就带我们去了电影院。记得那

个电影中还有当时人气很旺的年轻女演员'音羽信子'呢！大家非常兴奋。竹下老师，拿现在来说就是那个闲不住的、全身心地投入到学生身上的'金八先生'。"(《竹下登其人》)

前文已经讲过，"全力以赴做好被赋予的工作"是竹下晚年成为政治家后的一贯态度。真是檀木萌芽就芳香，在这里再次证明了人不是那么易变的。

竹下一方面过着这种教师生活，另一方面还致力于青年团活动。

当时，全国的镇村中，到处是被称为复员兵的少年、青年。挂合村也不例外，300多名复员兵无法释放他们的能量。竹下出于对将来的考虑，便把着眼点放在了青年团活动上。

首先，把这些年轻人集中起来，举办运动会、电影会、相扑大会、文艺表演会，来带动村里的活动。有时，大家还围坐在一起一边喝着酒，一边讨论诸如"民主主义到底是什么"等问题。这也是当时青年团活动的一般模式。

可是竹下并不只停留在这一水平上，他进一步为当地村民的"实际利益"而绞尽脑汁。后来，他想出了让集中起来的团员到河里去捞碎石，卖给土木业主的主意。他的设想是这样的：当时的道路是碎石路，所以碎石可以以不错的价格卖给土木业主。然后用这部分收益建起托儿所（就是现在说的保育所），为村民造福，他们肯定欢喜。从这里可以看出晚年的"公共事业的竹下"的"根源"。

在这一过程中,竹下的领导风范是有目共睹的。在任挂合村的青年团长后,于昭和24年任饭石郡的联合青年团长,后来又任县联合青年团长,不久还担任了日本青年团协议会理事。

这样一来,大家都知道了"挂合有位竹下"。

从这里可以看出竹下与《孙子》"弱者的战略"之二相一致的"知彼知己"的机智。

5. 年轻时起就是"协调能手"和"乐于助人"的人

从这些青年团的活动中,我们还可以对后来成为竹下代名词的"协调能手"及"乐于助人"这两点窥见一斑。

竹下纳入到青年团活动中的,有一项是"模拟国会"的活动。竹下在早稻田大学第一高等学院时代及整个大学时代,经常到国会去旁听,非常了解国会的构成和程序。他举办这个活动的宗旨是再现国会审议的现场,在当地开展生动的政治学习会。

由竹下编导的"模拟国会"很是细致入微、活灵活现。

首先,国会的会场定在小学的礼堂里,非常正式,正面的议长

席位不用说，连事务总长的席位都准备了。挂合村的全体青年团员当候选人参加"众议院选举"。当选者分为执政党和在野党，执政党组织内阁，还进行了国会的组建。青年团员之中人气超群的竹下自然以票数第一当选，这样一来就理应坐上"首相"的位置，但是他却就任了"众议院议长"。

竹下非常逼真地进行了国会运营。"现在开始进入表决"、"下面由事务总长公布票数"等，他麻利而又干脆地逐项推进国会的各项议程。"第一次国会"时都觉得稀罕吧，当地的村民带着盒饭蜂拥而至，礼堂里挤得满满的。人们在享受热烈的气氛的同时，都非常佩服竹下的指挥风采。

其实，在后台，竹下的"协调能手"的手法也得到了充分发挥。"第一次国会"之中提出了"牛马国有化法案"，但是审议多次中断。于是在审议中断时，"竹下议长"便奔走于执政党和在野党之间，努力进行调解。而且，对审议再次开始后的在野党的提问和执政党的答辩也耐心地给予指导，这很容易使人想到晚年作为"协调能手"的"竹下国对"。

与此同时，他还充分发挥了后来形成定论的"乐于助人"的一面。

据说有这样一件事儿，还在早稻田大学读书那会儿，他就主动给松江中学时的一位同年级朋友提亲。等到举行婚礼时，不巧他的妻子直子有孕在身，作为媒人的竹下急忙将旅馆的老板娘选为"临时夫人",才使得婚礼如期举行。

此外,大学毕业,致力于青年团活动之后,也发生过下面这样的"乐于助人"的事儿,这是他自己披露的。

"种植烟草,必须要把烟叶烤干。平时的储烟房,到时候就成了烘干室。现在的话,可以燃烧灯油烘烤,可那时没有油,要用柴火,所以必须有人整晚守在那里看着。有时值班的青年男女就会相好起来,失火时,常会有一男一女光着身子从里面跑出来的事儿。我还给这样的两个人当过媒人呢(笑)。"(《政治是什么 竹下登回忆录》)

不难想象,那对被撮合的"青年男女",日后一定会成为当地强有力的竹下支持者。

顺便提一下,竹下其实有过一个男孩,取名"力道",可是在出生后16天就因病死去了。后来,如前面所交代的,生了3个,都是女孩儿。竹下生前曾说过"有时也想要是有个男孩儿嘛"。

众所周知,在竹下晚年,就像"参拜竹下"一词所代表的那样,不分执政党在野党,很多人都聚集在他的门下。他还讲过这样一件有趣的事:

"他们大概觉得我没有男孩儿,准会喜欢他们,所以常来我这儿。石原伸晃(石原慎太郎东京都知事的儿子,现任行政改革担当相)、中川昭一(中川一郎原农水相的儿子,原农水相)、安倍晋三

（安倍晋太郎原外相的儿子，现任内阁官房副长官），这些政治家的儿子们虽然并不是派系成员，却也常聚在我这儿。在钱的方面也是，可能是知道我这人最好说话吧，常常是一来就开口说：'求您点事儿……'我说：'该不是让我买门票吧？''对呀,您怎么知道的？'我说：'你不是让我给你买，而是向我兜售，让我掏腰包对吧？'他就嘟囔说：'因为没人买嘛！所以来找您……'"（《政治是什么 竹下登回忆录》）

很少有人知道倡导"改革"的石原伸晃和竹下还是这样一种关系，其实政界就是那么回事。不管怎么说，竹下天生的"乐于助人"的本性扩大了人际关系网，从而使"竹下政治"变得越加强大，这是不可否认的。

就这样，从农地委员，到中学教师，并从事青年团活动，在这一过程中，竹下逐渐巩固了人缘基础。在这里我们看到，他不是拱手等待时机到来，即坐等机会，而是自己努力、想方设法地去创造机会，这是最重要的。幸运，是不会在碌碌无为中自己到来的。

昭和26年（1951年）4月，机会终于光顾了竹下，他被提名为地方选举——岛根县议会议员选举的候选人。由于他有作为饭石郡青年团长的知名度，而掌握着郡青年团无异于拿到了县议会选举的收票机器。当时竹下27岁，这是他满怀信心地志愿参加的选举。

饭石郡选区共有两个名额，而现任之中有一位是田部长右卫门的亲信。田部长右卫门，是竹下非常熟悉的岛根县最大的山林大王，曾经作为众议院议员兼任过自民党县联合会会长，后来还出任了岛根县知事，是岛根县政治的大实力派。除竹下以外，还有一位强有力的新人也参加选举。人数虽少，但将是一场激战。担心自己的亲信落选的田部跟竹下打招呼，让他"等一等"。对于竹下家来说，因为是从田部家得到的经营酿酒业的权利，所以田部还是自家的大恩人；更何况，要是不服从田部的话，那么起码在岛根县，政治生命就可能没有萌芽的机会。所以家里人一致认为田部叫"等一等"，就应该"等一等"。

然而，竹下不顾这些，毅然参加了选举，并以无党派的身份首位当选。据夫人直子说"他一旦决定的事，谁也说服不了他"。从这里可以看出竹下的意志和胆量，也可看出性格中的某种刚直。

结果，竹下家与田部家产生了很大的裂痕。但是，由于竹下虽然以首位当选，却不骄傲，而且还处处为整个饭石郡着想，不久田部也就谅解了他，甚至想进一步培养这位青年政治家。田部不愧是位了不起的人物，当然，不用说这也是竹下对田部明里暗里的关照起了作用。

在此，竹下再次实践了《孙子》"弱者的战略"之三，即必须自己掌握主动权这一点。

6."汗水属于自己,功劳属于他人"的县议会议员时代,"性格爽快的智囊"是他的外号

竹下在岛根县议会议员选举中,初次参选就以得票数第一实现首位当选,这在很大程度上取决于他的妻子直子所作的"幕后工作"。

竹下本人得到青年团员绝对的支持,直子则求助于他们的夫人,再通过她们的各种关系门路到处奔走收集选票。为此,与青年团员有关的选票几乎一票不漏地落到了竹下手里。就是说夫妇俩在与青年团员有关的选票上投下一张大大的网,把选票统统收走了。比起候选人本人,夫人们的"幕后工作"的好坏,更能决定选举的成败。这在过去和现在都是一样的。

成为县议会议员的竹下,做了极其精巧的战略部署。就是说一切都是为下一步进军中央政界服务。"策划、策划、再策划",这是晚年"竹下政治"的精髓,其实他从这时起就已经在采取这种风格了。

所谓的这种风格,用一句话来说就是绝不出头,彻头彻尾地

做幕后工作。在这里采取的是《孙子》"弱者的战略"之五,即避实击虚,同时也可以说是对"弱者的战略"之六,即惑敌之耳目的实践。

这种战略表现在很多方面。

例如,到县议会议员第二届时,头脑聪明的竹下已全部熟悉了县预算的秘诀,还成了不学无术的前辈议员们的"智囊"。当他们问"这笔补助金给县厅的那个科能派上用场"时,竹下张口就可说出"给地方科"。

还有,在县议会上的提问稿,求到他的话,他会立即给写好送去。当时有一次,一位议员把竹下写的"为了肩负时代重任的青少年"一句中的"肩"读成了"眉",结果招来一阵倒彩。可以看出竹下早就开始贯彻"杂役"这一角色了。

由于竹下样样都拿得起,自然会被推选为常务委员会委员长、代表提问人等,但是他全都让给了别人,自己从不靠前。而是甘心于做幕后工作,即专心于党务。这很容易让人想到不追求职位、头衔的晚年的竹下。也可以说是对"汗水属于自己,功劳属于他人"的实践。

还有,喜欢玩麻将的竹下还频繁地同各党派的议员玩麻将,甚至曾被当地报纸说成是"沉溺于麻将的、品质恶劣的议员"。

有这样的关于当时情况的证言:

"(他)虽然被称为'性格爽快的智囊',但却不是特别引人注目的人物。似乎更主要的是为将来当选国会议员考虑,而始终致

力于人际关系网的构筑。他从来不摆架子,比如,对县里的职员,在干部以外的股长级别的人面前也都是低头走路的。如果说那是在为将来而谋划的话,这可真是了不起。"(《竹下登其人》)

后来,回首这段县议会议员时代,竹下大致是这样"坦白"的:

"其实,当时做的一切都是有用心的,因为不久的将来涉足国会时,必须得靠大家的支持。要说狡猾我也承认,可是,有时也真就需要与大家和睦相处,有所保留,未必总要神气活现,旗帜鲜明。"

不错,这也是竹下式的处世原则。因为它会突然奏效,所以让人轻视不得。比如说,在进入国会时,以自民党为首的保守派县议会议员一致公认他为自民党,这件事就充分说明了这一点。

竹下通往国会议员的道路是被意外拓开的。

在竹下成为第二届县议会议员的昭和28年(1953年)3月,由于当时的吉田茂内阁因"混蛋发言"(在当时召开的众议院预算委员会上,对西村荣一议员的提问,吉田首相由于兴奋而说了句"混蛋",这就是所谓的"混蛋发言"。为此,众议院于3月14日解散。——译者注)被迫解散,因而进入了大选。作为县议会议员的竹下,于大选前加入到了自由党国会议员高桥丹三郎这一人物的系列中。高桥也与竹下一样,毕业于早稻田大学,曾对学生时代的竹下比较喜爱。因此,在大选中竹下担任了参谋。借助作为县议会议员,拥有绝对支持的竹下的力量,高桥以得票数第一当选。

时过两年后的昭和30年(1955年)1月,这次是由于鸠山一郎

按照事先约定解散了内阁,于 2 月进行了大选。然而由于天下已由吉田自由党转到了鸠山民主党手中,所以自由党一方虽然齐心苦战,而高桥这次却屈居得票数第二。也许是在这次选举战中疲劳过度的缘故吧,高桥于次年因脑溢血去世。而自由党和民主党已于高桥去世的前一年,即昭和 30 年 11 月 15 日进行"保守合并",结成了现在的自民党。政权在鸠山之后,先后更替为石桥湛山、岸信介。

接下来,在自民党中出现了高桥故去后的继承人问题。高桥虽有一个东京大学毕业的儿子,但是对政治缺乏兴趣。那么,谁来继任呢?在高桥的地盘之中,一位集中了出云市选票的医生被选中。但是因为这位医生也"想专心于医疗工作",而使继承人问题成为一张白纸。在这种情况下,等待已久的竹下举起了手,于是高桥的继承人水到渠成般地落到了竹下头上。

富于心计的竹下这样追述说:"两人都不会出任,这件事早已在我的预料之中了。不过,怎么说呢,也是运气吧。"

其实更富于心计的,是其后他自己导演的一场"名演员巧出场"的好戏。

那就是,在向县议会提交辞职书的时候,他一直拖延到最后,直到成为大选正式候选人一事被公布的前一天,才终于提交上去,以此加深了人们的印象。就是说竹下参加选举的事在某种程度上早已传开了,但是本人却迟迟不肯言明,直到最后关头才说出,这样让当权者更加注意到了自己,"啊,果然是他"。因为他算

计到了如果早早报出名字的话，就会出现"中间拉松套"的情况，那样正式大选时的印象就会被削弱。

向县议会提交了辞职书之后，竹下到县厅的所有科室走了一圈，一一鞠躬道别："我刚刚辞去了县议会议员，特来告辞。谢谢长时间的关照。"

还没有能够做到这一步的县议会议员。因为一般的县议会议员，只是把县厅的普通职员看成是"仆人"。所以低头鞠躬的竹下同鼓掌欢送的普通职员之间，会产生某种纽带感、亲近感是理所当然的了。

富于心计的竹下日后这样说：

"当时我觉得当选是很有把握的。"（《政治是什么 竹下登回忆录》）

7. 用"不要以为是自己的力量"告诫自己的国会议员初次当选时代

在昭和33年（1958年）5月的大选前3个月，竹下却感到了一丝不安，因为自己没有同中央之间的渠道。虽然已得到正式承认，但还不具备有实力的后盾。于是竹下请求在中央有关系的岛根县政治要人田部长右卫门帮忙联系渠道。

围绕竹下的县议会议员初次参选问题,曾一度恶化的田部与竹下的关系,这时已经完全得到了修复。其实,在竹下任第二届县议会议员的时候,就已经有了"田部·竹下县政"的说法了。

田部陪同竹下上京,首先拜访了当时的参议院议长松野鹤平。鹤平由于他那变幻莫测的政治手法而有"狡猾平"("鹤"和"狡猾"这两个词在日语中是谐音。——译者注)的外号,他是后来出任自民党总务长等要职的松野赖三的父亲。

"狡猾平"对竹下说:

"找老板可马虎不得,应该选择有实力的,今后有可能成为大人物,成为总理之类的人物。能选准一个大人物是很重要的,我觉得佐藤荣作君可以考虑。"

竹下和田部立刻拜访了位于东京世田谷区代泽的佐藤荣作府。佐藤作为吉田茂的直系,被公认为是"保守本流"的继承人。当时,担任自民党总务会长这一要职。

作为将来想成就大事的佐藤来说,也想扩大同心者的范围。于是开始了对竹下的"口头考试"。佐藤看人的眼光非常准确。他坐上首相的宝座后,知人善用,通过游刃有余的人事安排,实现了7年8个月的长期政权这件事也充分说明了这一点。

用不着多问,行不行一看就知道了。只是问了些"你多大啦"、"选举区有保证吗"之类的问题。

问完了之后，佐藤说："好了，竹下君，选举在即，要全力以赴做好准备，你来吧！我决定接收你啦，放心吧！"竹下对佐藤的这一"口头考试"，日后的感想是"感到发懵"。佐藤后来成为竹下终生的恩师、老板，而竹下则是佐藤手下的"第一号"小头目。

因此而振奋起来的竹下，在选举战中全力活动。竹下晚年被誉为"政界头号选举通"，其实这时就已经露出了一鳞半爪了。比如说，街头演讲的地点，如果他说，"到那儿的话，谁家的……兵卫等会有十来个人来听"，"选择那块儿空地的话，认识的大叔、大婶很多，至少能来二十个左右"，几乎不会有出入。

顺便透露一下，这时帮助竹下进行选举的是后来成为竹下心腹的"参议院的首领"青木干雄（现任参议院自民党干事长）。

当时，青木是早稻田大学法学部的学生，同时属于雄辩会。青木在这次选举的前一年，也就是昭和32年（1957年）夏天，作为雄辩会干事长，带领雄辩会的后辈们，在岛根县内各地进行过演讲。在雄辩会中，出任干事长职务的话，就有在家乡各地演讲的特权。青木一行在各地演讲时，为他们安排住宿的是当时任县议会议员的竹下。还有，竹下虽没有参加过雄辩会活动，那是由于竹下当学生的时候，雄辩会因战争被迫停止活动，"如果活动不停止的话，肯定会入会的"，以此为理由，竹下在初次当选国会议员后，也被吸收加入了老雄辩会会员的行列。这也是自民党特有的"解决"方法。不久，站在了跨执政党、在野党的雄辩会人际关系网顶点的竹下，在"竹下政治"中随处运转这一人际关系网。在竹下首相以后，从这一人际关系网中诞生了三位出身于雄辩会的首相，他们是海部俊树、小渊惠三和森喜朗。

也是为了答谢竹下在各地演讲时对自己的照顾，青木为竹下初次参加大选，废寝忘食地投入到了选举战之中。用青木的话讲，自己是"车辆长兼麦克风小姐兼助演兼传达员"，就是说事事当先，什么都做。这时，雄辩会中比青木晚一年的森喜朗，也在青木的号召下，参加了声援竹下的活动。后来，小渊因病倒下后，森之所以能把首相的宝座弄到手，很大程度上取决于竹下和森之间的这种纽带关系。森被"秘室5人组"协议推举上台，这背后自然少不了"选举后台老板"竹下的"推荐"。

这次选举战，如第一章中所讲，虽然发生了大量违反选举事件，但是最终在当时的"娃娃人气"的顶峰，竹下还是取得了巨大成功。

关于"娃娃人气"，有这样的早年证言："关系密切的人叫他'阿登'；一般的当权者，因他长着一张娃娃脸，从县议会议员时代起就叫他'娃娃议员'，这在选举战最终阶段一下子叫开了。当选后，他说：'要是不久能当上个建设大臣什么的就好啦！'"

岛根全县区有5个名额。竹下出乎大家的意料，一举超过了大桥武夫（原运输相）、樱内义雄（原众议院议长）等有实力的现任人员，出色地以得票数第一当选。他当时34岁，后来一段时间岛

根县被称为"竹下王国"就是起源于此。

当选后接受当时的岛根新闻的采访时,竹下这样表达了自己的"喜悦之声":

"我想站在纯粹的家乡人的立场上,打开从岛根直接通往国会的切近的窗口。下一步,想以崭新的感觉和年轻的力量给国会送去一缕新风。我能够当选也是因为出于对政治的青春的觉醒,今后,我要为增强党内、议会内年轻人的讲话分量而努力。"

据原竹下派的资深议员讲,竹下经常忏悔由于在这次选举之中发生大量的违反选举事件,而使许多人受到牵连一事。每次说到这件事,他都要在竹下派的会议上讲"不要忘记在选举中给了你支持的人们"。

重申一下,已成为竹下口头语的"不要认为是自己的力量"这句话,就是以这次初次当选国会议员为"出发点"的。

顺便提一下,当时还是学生的青木干雄,后来以学生身份成了竹下国会议员的秘书。后来,他在竹下的扶持下成为岛根县议会议员、参议院议员,据说现在正为竹下去世后的桥本派(旧竹下派)的内部团结而苦心竭力。

第五章

从田中角荣、佐藤荣作身上学到的东西 | 构筑人际关系网的秘诀

1. 佐藤荣作说"一个人嘴只有一张,耳朵却有两只",首先要善于听,这是搞好人际关系的秘诀

话又说回来,竹下登这位政治家绝不是背运之人,反而可以说是个运势很强的人。因为一般来说,非大运亨通之人难以成为大人物,尤其是政治家。就是说把握"运势"是作为大人物不可缺少的要素。

从竹下的立场上来说，有缘结识佐藤荣作和田中角荣这两位曾担任过首相的大人物是他的运气。对佐藤荣作，他一直作为"恩师"而仰慕；而对于田中角荣，虽然作为"老大哥"而辅佐他，可是在取得天下之前却没少受其摆布。但不管怎么说，同两个人的接触，使他有了充分的机会去学习处理人际关系的秘诀和政治的诀窍。而人生没有比遇到这样的人更幸运的事了。

先说佐藤荣作。

素有"神耳荣作"之称，因为他掌握着广泛的人际关系网，首先一点是信息灵通。再加上官僚出身，又是深得吉田茂原首相信赖的人物，因而他的政治手法素以坚实著称。做了首相之后，圆满实现了7年8个月的长期政权，这足可以看出他在用人和把握人心上手法高超。虽然没有受万众垂青的辉煌，却有着一旦决定的事，一定要付诸实施的超凡之处。他的政治手法被称为"受式政治"、"观望式政治"，此外，对他的富于心计也有定论。这些因素的组合便构成了"佐藤政治"的完整面目。

竹下从佐藤那里受到很多熏陶。以至于有人说："要想了解'竹下政治'，必须先学习'佐藤政治'。"

在竹下当选议员后第一次接近佐藤时，佐藤对他说："以后每天早晨，到我家里来吧。在这里可以结识很多人。如果想将来有所作为的话，要扶植一些地方议员，日后对你有用。此外，要听别人的意见。人，嘴只有一张，耳朵却有两只。在发表自己的意见之前，

首先要认真听别人讲,这是搞好人际关系的秘诀。"

打那以后,竹下一直恪守这一教诲。于是,初涉国会的竹下,坚持每天早晨来佐藤官邸。接待室里客人络绎不绝,有国会议员、官僚、财界人士、地方议员、地方的经济界人士、自民党县际联合会干部等。竹下作为佐藤的"秘书兼书童兼传达员兼端茶倒水员",什么活儿都干,当然有时也和这些人闲聊上一阵儿。忙完了这些便前往国会,这是他每天不变的日程。这种时候,自然有时免不了和来客交换名片,就这样,不知不觉中竹下的人际关系网的基础竟然隐约地形成了。

地方议员的培养也是同样的。后来,他在任内阁官房副长官以及长达6届5年之久的国对副委员长期间,一有机会就前往地方的自民党县际联合会,同地方议员们接触、交流,当有请愿的时候,他就尽其所能地跑前跑后。不久,结识的地方议员的数量越来越多,同全国各地之间都有了连接渠道。

昭和53年(1978年),在当时的自民党总裁选举的预选中,田中派推举的大平正芳之所以能够挫败福田赳夫,坐上总裁的宝座,这一点是不可忽视的,那就是已在田中派中处于重要地位的竹下,充分调动了他的地方议员关系网。

如果实业家们能够同合作公司、子公司的职员,以及同客户之间,构筑起像竹下这样的广泛的人际关系网的话,火急之时一定会派上用场。问题是他们是否肯付出竹下那样的努力。

下面再看一下竹下对佐藤的"人，嘴只有一张，而耳朵却有两只。所以，在发表自己的主张之前，要广泛听取别人的意见"这番至理名言的把握。这番话其实就是说要"会听"，真正的雄辩家不光是自己讲，同时还必须要"会听"，二者缺一不可。

从这一点来看，感觉敏锐、富有魄力、眼下人气很旺的田中真纪子外相，未必算得上雄辩家，至多是个"多辩家"。那是因为她几乎不听别人讲话。倒是从前那位满口枥木方言，说话不讲情面但却富于幽默，与真纪子同样受国民欢迎的渡边美智雄（原大藏大臣），由于他另一方面还"会听"，相比之下更称得上"雄辩家"。

竹下是真正地"会听"。

在第一章已经提到，早在任内阁官房副长官、国对副委员长之时，他就常常深入在野党中，并倾听自民党内部的不同意见。通过这些努力，对一些执政党与在野党意见对立的法案之类的，都能圆满地加以解决。此外，他还一有空儿就往百米外的前辈议员那儿跑，倾听他们的牢骚和高论，并不时"哼哈"地点头。这是他在以"讨好老人"的有效手法来扩展人际关系网的范围。

同竹下关系最亲密的一个议员这样说：

"其实，他也未必真正在听别人讲话。因为他也不发表自己的意见，所以也不知道他是听还是没听。但有一样，所有的来同他交谈的人，都会有一种畅所欲言的满足感。这是最重要的。而桥本龙太郎（原首相）却完全相反了。他虽然也听你说，但是万一你哪一

句话说得不顺他的耳,或者是话题扯得远一点儿的话,他就会'怒吼、逞威风、找别扭'起来,过后还会对你有看法。正是由于他喜好纠缠不休,所以才得了'章鱼'这个外号。至于他在今年(指2001年——译者注)4月自民党总裁选举的预选中彻底败给小泉纯一郎,根本没有支持者这个结局,可能就是积怨太多的缘故。"

这也是由于轻视少作自我主张、要"会听"这一至理名言而酿成大错的一个教训。

2."说一个人的坏话,会树十个敌人;诋毁人的话不说,要守口如瓶"

竹下从佐藤那里学到的第二点是,守口如瓶、不说别人坏话。

说了不该说的话,有时会让人陷入进退维谷的境地;而听信了别人的话,再把它传给另一个人,这更是大错特错的做法,弄不好会使你失去信用。相反,无论谁对你说了什么,一律不说出去,彻底保守秘密的话,会让对方信任你,把你当知心朋友,这样你可能会得到最重要的情报。

就是说守口如瓶是顶好的事情。

此外,不说别人的坏话,就不会制造不必要的敌人。人的嘴没有门,好话可能很难传出去,而恶语转瞬之间就会到达人家的耳朵里,世上的事儿就是这样奇妙。必须切记以说人的坏话为首,凡是闲话,都是有百害而无一益的。

桥本派的中坚力量石破茂(原农林水产省总政务次长),大约在10年前,参加过由竹下率领的为期两周的访欧团,有着如下的体验和感想:

"一般来说,政治家多少都有点儿爱说或爱听别人传闻的嗜好。我开始时还饶有兴趣地想,在长达两周的时间里,竹下总不至于只字不讲别人的坏话吧。可是,像什么对人评头品足的话、坏话,真就是一个字儿也没讲。这是很难做到的,这使我更加深刻地感受到了他的不同寻常。田中角荣身上有一种如岩浆喷薄而出般的超人的威力,在竹下身上,我感受到了另一种意味的超人的威力。

竹下这个人,每次见面,总是说些'日本古代传说'般的话题,如日本有多少个酒馆啦,哪一次的选举的纳税者有多少人,其中有多少有权者之类的。这样做,可能也是为了避免讲闲话的一个手段吧。竹下和田中角荣这两个人,我觉得不管自己怎样地努力,哪怕不睡觉不休息,也甭想达到他们的十分之一。"(《经世会竹下学校》)

田中角荣虽还开玩笑似的写些诙谐但却一针见血的人物评论,可是从未恶意诋毁过别人。就是对因"洛克希德事件"(日本政府高官接受美国洛克希德公司贿赂事件,主要嫌疑人是田中角荣。据说,

以进口三星式客机为交换条件,田中在任期内的 1973 年 8 月至 1974 年 2 月期间,先后 4 次接受洛克希德公司的现金,总额达 5 亿日元。为此,田中遭到逮捕,并受到罚款、判刑处理。可以说,这一事件从根本上断送了田中的政治生命。——译者注)而逮捕自己的当时的三木武夫首相、稻叶修法务大臣也不例外。

"说一人的坏话会树十个敌人。哪怕是对自己十分信任的人讲'这话可只跟你一个人说……',结果用不了一天,政界就会没有不知道的啦,一周之后就会传遍整个日本。如果一定想说别人的坏话,就一个人到厕所里说去!"田中曾这样告诫忍不住在自己面前说了别人坏话的年轻议员。

可是,只有一次例外。那一次他涨红着脸,用手帕抹着泪进行了一番重大演说。

事情是这样的,昭和 55 年(1980 年)5 月,在对社会党围绕前一年 10 月大选失败的责任问题而提出的大平内阁不信任案进行表决时,自民党的福田、三木两派以缺席正式会议的形式表示了"赞成"。结果,不信任案得以通过。大平正芳首相没有走内阁总辞职这条路,而是选择了解散众议院,并毅然决然地同当时正在进行的参议院选举一同进行了众议院选举,这也是历史上第一次众参两院同时选举。在这一解散——大选的事态变化下,田中派紧急召开了全体大会,就是在这次会上,以前连自己的政敌都不曾恶意攻击过的田中一反常态。

"你们说,我说过别人的坏话吗!有谁听我讲过一次别人的坏话!我敢说一次都没有!

可是,今天我却不能不说。政治家,应该以51%的比率奉公;对私情,应控制在49%,不是吗?对那些只顾谋私利,竟还恬不知耻的人,必须坚决剔除。我们这个集体,必须做到这一点!

这样一来,就已不是个人的问题了。我也曾做过首相,有过代表整个日本的经历。可是由于遭受怀疑,也曾想到过会丢掉性命。不过,我活了下来。既然我活着,就要尽我的义务。另外,对(因洛克希德事件)而受到影响的诸位,在此只能深表歉意,不过,我会履行我的诺言(注:努力证实自己无罪之意)。最后,希望大家全体当选!我会尽我所能。"

在这次演说的过程中,田中有好几次激动得说不下去了。在场的一位参议院候选人哽咽着说:"终于又看到了田中那惊人的魄力!"

综观竹下、田中、佐藤荣作这三个人,我们可以看到能成为大人物的人,都有些与众不同之处。不说别人的坏话是他们的共同之处。

接受佐藤"守口如瓶,不说别人坏话"传授的竹下,研究出了一种"语言明了,意思含糊"的独特的"竹下话语"。就是说,所用的确实是明了的语言,但认真分析起来却让人琢磨不透。听他在国会上的答辩,就连多年的国会议员也根本不明白他的意思。

"像'适时、适当地弹性处理'这种回答还算是好的,有些话光

用耳朵听根本弄不懂他想表达什么。然而过后打开记事本仔细分析一番的话,就会发现他的妙处,如,既让提问的在野党议员脸上生辉,同时作为答辩,又干脆果断,抓住了重点。记得竹下曾说过这样的话:'佐藤荣作曾对我说过,竹下君,不可以说谎,但也不必实话实说。'我当时恍然大悟,原来这就是决不会给人留下话尾巴的'竹下话语'啊!"(同竹下关系亲密的原政治部记者)

关于"竹下话语",竹下披露过这样一段小故事,表明自己是从这个故事中承袭来的:

"这是从某银行的董事长那里听来的。他说:'从前,我还是支行长的时候,当时的董事长对我说,以顾客为中心是银行的宗旨。支行长必须认真地去听顾客的贷款请求,然后让他心满意足地离去。如果能做到等那个人回到家开门进屋时,才发觉被拒绝了的话,那样才算一个合格的支行长。'可是,要做到这一点,谈何容易啊!"(《政治是什么 竹下登回忆录》)

3."递交钱款时,要时刻考虑到对方的心理负担,间接的方式会令对方轻松些"

"有些是年轻时由佐藤言传给我的,也有不少是长期在他身边,通过耳濡目染学到的。"

竹下曾经这样描述过佐藤对他的影响方式。看来,关于如何灵活、合理地使用资金以及作为政治家如何筹集资金等,就是通过耳濡目染学来的。

就政治家筹集资金的关键而言,因为佐藤本人出身官僚,阅历告诉他必须处事扎实、稳妥,所以他时刻注意慎重行事。如果只顾从一个地方筹集的话,那么,同对方的关系就容易附带上条件,甚至会牵扯上受贿等贪污的问题。因此佐藤指点他说"钱要大范围、小金额地筹集"。后来,竹下在全国各地设立了会员组织后援会。在竹下掌握政权之后,最终全国的都道府县中,共有44个都道府县成立了这种后援会。会员每年交1万日元左右的会费,就算一个县有1千人就是1000万日元,那么44个都道府县的话,什么也不干一年就可筹集到4亿日元以上的政治资金。

筹集到这么巨额的资金,却没有"附带条件",据说这使得以恪守道德观念闻名的后藤田正晴(原副总理)感叹不已:"能想出这种手法,真是了不起。"近来,为了回避危险的政治捐款,越来越多的国会议员开始采用这一竹下式后援会会员制度。

在这一节中,我们将重点看一下在灵活、合理地使用资金方面,竹下是如何从佐藤身上耳濡目染的。钱"花明白了会适得其所",反之则会成为笑柄,甚至会失信于人,因此无异于一把"双刃剑"。钱花得恰到好处的话,在扩大人际关系网方面会发挥很大的

作用,花得蹩脚的话,就成了冤枉钱,甚至会闹个众叛亲离。

身为政治家的竹下,在需要交给别人钱的时候,决不亲自动手。

这样做有两个理由。

其一,自己亲手交,事后出现问题的话,难免引火烧身,即出于"防止污染"的考虑。

其二,这一点对一般的实业家也大有参考价值。

一般说来,拿人家的钱、借人家的钱,总会有抵触感,心理负担也是相当大的。往往会让人脸上发烧、冷汗直流,自尊心受到伤害。而对方呢,在这一关系中,则是占上风。何况,在政界的话,对方身份越高,这种拿和借的行为的分量也就会越重,甚至会形成绝对的主仆关系。

"竹下时刻留意在交给对方钱的时候,尽量减少对方的抵触感和心理负担。如年中和年末的奖金,也决不自己出面,而是统统交到被称为'竹下派七奉行'(奉行,是江户时代的官职,即奉幕府之命,分管各种行政事务的武士长官。这里指的是竹下派得力助手。——译者注)的小渊惠三、小泽一郎等人的手里,由他们往下发放。这样一来,接收者就可以当作是派系下发的补贴而事务性地接受了,几乎没有什么心理负担。"(同竹下关系密切的原政治部记者)

不过,昭和61年(1986年)7月,在他就任中曾根康弘政权下自民党干事长职务，掌握了选举资金的分配大权后，却变相发挥了这样的"聪明才智"。

因为自民党公认候选人之间，也是力量悬殊。既有稳操胜券者，也有无望当选者。此外，还有稍微欠点火候的候选人。

对这样一些候选人，平等地分配资金无疑是意义不大的。

"稳操胜券者和无望当选者都不能给，不能采取一律公平主义，对那些扶植一把便有望当选的人选举资金才有意义。有人说，在选举的时候，如何'不平等'地分配资金，正可以看出干事长的才干。"(《政治是什么 竹下登回忆录》)

由社会党选派的当时任 NHK 工会委员长的上田哲（后来当选过参议院议员）首次参加参议院选举时，佐藤同以往一样对竹下说：

"阿竹，你看我又不好出面，你代我去给上田送点阵前赞助吧！"结果，如竹下在《政治是什么 竹下登回忆录》这本书中所"揭露"的，"于是我送过去了记不清是 10 万日元，还是 20 万日元啦。只是，后来在我二女儿结婚时，上田作为'贺礼'又还给了我。"就是说在政治的世界里，也存在着游离于国会政策名目之外的由执政党向在野党的"金钱流动"。

另一方面，竹下平素在花钱方面考虑得非常周到、仔细。这从他到日式高级餐馆时总少不了给些小费这件事就可以看出来。

下面这段话出自于原竹下首相随行记者之口：

"对竹下的酒桌形象评价之高,我觉得同田中角荣堪称双璧。即便是在喝了不少酒的时候,西装不整、领带歪斜地离开高级餐馆的事儿也一次没有过。听前辈记者讲,就任首相前的中曾根康弘动不动就破口训斥女陪酒员、女招待们,给人的印象极坏,而竹下的桌前应酬却是一流的。此外,从女陪酒员、女招待员、厨师到看门老头、候在外面的包车司机,都一定要一一进行打点。虽说国会议员不少,能恰到好处地做到这一切的,据说只有竹下、田中和安倍晋太郎(原外相)三个人。

再说竹下,有一天晚上,我亲眼见他由于身上没有零钱,特意向高级餐馆的老板娘借了 3000 日元给包车司机。有人说,竹下从本质上讲,在钱上还是比较吝啬的,但或许是他会花钱的关系吧,而让你根本看不出来。这也是一种智慧吧。"

钱,只有花得恰到好处才能真正发挥作用。要知道没有人愿意听空头的说教。

4. 佐藤说"对方的履历哪怕是死记硬背也要记住,这对你有好处"

在竹下升任官房副长官之后,佐藤便命他记各位官员干部的入省年份、交往情况以及国会议员们的履历。当时任官房长官的是早稻田大学的前辈桥本登美三郎。

"你和桥本君都是私立大学毕业,对此可能不大关心,可是要想很好地支配各省官员,不记住他们的所属派系、入省年份、交往情况是不行的。还有,国会议员们的履历也要记住。"

现在的国会议员中,像佐藤所说的那样,脑袋里装有各省官员以及国会议员们的种种"个人信息"的人为数甚少。因为各个省厅(本部)的科长级以上的官员要有几百人,国会议员的人数也同样多。没有相当程度的超常头脑、超常记忆力的话,是很难做到的。

但是,当创建新的企业机构,需要人事安排时,如果脑子里没有官员干部的入省年份等信息的话,就免不了要东跑西颠。比如说,如果建机场的话,那么按目前的规定,主管理事应该从国土交通省有丰富经验的人中选派;负责经营管理的理事应从财务省抽调;负责警备的理事应从警察厅等部门调派。而主管理事的辈分决不可以低于其他理事。官员们往往根据能否迅速而顺畅地做好这些人事安排,来评价该政治家的能力。

竹下回顾任官房副长官期间的情形说:"我那时经常出入官邸,并拜当时的大藏省秘书科长高木文雄氏(原国铁总裁)为师。从高木氏那里得到了有关各省厅干部级人员的若干材料,便拼命地背诵起其中的职员名单来。当时我所记的是到昭和18年(1943年)入省的那一批为止,可是不知不觉中,记官僚们的入省年份成

了习惯,后来也不断地往脑袋里添加新的信息。"

或许是一发不可收拾的缘故吧,不久竹下又对记各种统计数字、选区情况产生了浓厚兴趣。因为竹下在这些方面的"博学",甚至有了"竹下百科辞典"的说法。就是说,有什么想知道的事情,尽管问他,保证答案马上出来,像百科辞典一样方便、快捷。因此,据说执政党和在野党的国会议员、官员干部们,有个大事小情,总免不了登他的门坎儿。从这里可以看出,竹下的超常头脑、超常记忆力也为他成为人所拥戴的政治家发挥了一定作用。

不过,有人证实说竹下的这种超常头脑、超常记忆力早在当选国会议员之前的岛根县议员时代就已经崭露头角了。

"据说他曾经只用一个晚上,就把县厅职员中所有科长级以上人员的全名装到了脑袋里。并且,对地方上的乡土关系、血缘关系等也了如指掌。以至于大学生们为找工作的事找到他的时候,他随口就会说出像'你姐姐的婆家就在我的邻村呢,说起来,我们还有点亲戚呢'这样的话,总之和谁都能扯上'亲戚',也不知是真是假。可是不管怎么样,能和竹下攀上亲戚,地方的人自然也觉得不坏。大家都成了亲戚的话,那么就成了'自家人选举',力量无疑会相当强大。这也是县议员时代竹下在选举中获得殊胜的秘密之一。而这一切都得益于他的超常头脑、超常记忆力。"(地方有力后援者)

下面就让我们来领略一下竹下的这种超常头脑、超常记忆力。这是他口若悬河般一口气讲出的一段话:

"众议院议员 512 人(当时)当中,我的年龄从前数排在 133 位。明治时代出生的有 28 人,第一位是明治 35 年(1903 年)出生的福田一(原众议院议长),第二位是 37 年(1905 年)的赤城宗德(原农林大臣),第三位是 38 年(1906 年)的福田赳夫(原首相)……昭和 20 年(1945 年)8 月 15 日以后的人,即所谓的纯战后派有 24 人。我和安倍晋太郎君(原首相)差两个月,我是第 133 位,安倍君是第 140 位。"

"大藏省的次长,10 年(1935 年)是石野信一,11 年(1936 年)没有,12 年(1937 年)是佐藤一郎,13 年(1938 年)是谷村裕,14 年(1939 年)是村上孝太郎,15 年(1940 年)是澄田智,16 年(1941 年)前期是鸠山威一郎……"

"这次大藏省的人事变动可能是这样的,39 年(1964 年)的天波耕之君回来,同年的涌井洋治君留任会计局长。次长很可能是涌井君。而现任国税厅长官、40 年(1965 年)的竹岛一彦君要到内政审议室去工作,由 42 年(1967 年)的主税局长薄井信明君来接任国税厅长官。42 年(1967 年)的银行局长和 41 年(1966 年)的长野庞士证券局长,暂且还不能动,好像是长野君要做律师……武藤敏郎官房长是 41 年(1966 年),他表示想要一个清闲职位,有个经济研究所,不知能否合他的意……"

"通产省的情况是这样的,金井、佐桥这两位 12 年(1937 年)入省的先后做了次长,13 年(1938 年)的中野正一没有做,14 年(1939 年)的山本重信当选,乙竹虔三落选。山本后来去了丰田银

行。15年（1940年）是熊谷典文当选次长，16年（1941年）的前期是大慈弥嘉久，两角良彦于16年（1941年）后期当选。17年（1942年）本以为是本田苗呢，结果没能当选。但是，大家推举他做了地区振兴整备公团的副总裁，也相当于次长。然后，18年（1943年）是山下英明，这个山下是三级跳，小学五岁入学，读五年制中学又是四年修了。19年（1944年）是小松勇五郎……"

真是令人五体投地的记忆力。只是，这样的好头脑肯定有先天因素，所以不能让每个人都来效法。不过先天的不足可以通过努力得到一定弥补，前提是必须进行坚实的努力。

另一方面，竹下的这种超常记忆力，还产生了如下"效应"：

"从竹下担任藏相时代的一位大藏省科长那里听说过这样一件事，说是有一次在走廊里，正好同刚从大臣办公室出来的竹下迎面遇上，点头行礼时，只听竹下说：'你同××君是同届吧。以后有什么事尽管到大臣办公室来找我。'这位科长很是感激，没想到'连我的情况大臣都记在脑子里'，不久他升任了局长，那时他已经彻底加入了竹下的人际关系网。"（原大藏省担当记者）

"我也经常到地方议员那里去，有一次我去自民党时代所在的县际联合会时，一位普通职员非常激动地对我说：'渡部先生，没想到我事隔十年再见到竹下的时候，他竟然一下子叫出了我的全名，还向我问好了呢。连我这样的小人物的名字，竟然过了十年还记着。真让我感激！'的确，竹下之所以为选举专家，也表现在这

些方面啊。选举其实在很大程度上取决于这些县际联合会的普通职员们发自内心的支持。"(渡部恒三众议院副议长)

人都有这样一种特性,那就是对了解自己情况的人抱有一种放心感。当放心感提升为信赖感时,人们便会投奔而来,那么人际关系网自然得以构筑起来。

田中角荣采取的也是完全相同的手法。

顺便说一下,竹下曾被美国哥伦比亚大学授予主攻选举学的名誉法学博士学位,是名副其实的"选举学博士"。

5. 目睹田中角荣的高超谈判术,恍然大悟何为"大胆的想法"

竹下另一方面从田中角荣身上也学到了很多东西。其实两个人身上还有着很多"同类项":一是都有着超常的头脑、超常的记忆力;二是身为大人物,都能够得到部下的一致支持;三是绝不自高自大摆架子。而这些又是作为领导者必不可少的条件。但也正是由于这些相似之处,招致田中的敌视,产生了"同类相斥"的结果。田中之所以迟迟不让竹下做他的后继者,也可以说是这个原因。反过来,这也正说明了竹下是让田中高看一眼的人物。

然而,竹下和田中在政治手法和本性上有着很大差异。

说起政治手法,田中式是说完了开头,便得出结论,中间完全省略。打个比方,就像"起承转合"中有"起"和"合",无"承"和"转"这样一种流派;而竹下式则完全相反,属于有"承"和"转",无"起"和"合"的流派。如前面所说,竹下从不对事物的方向性发表自己的言论,也不暗示结论,而是擅长通过关照、疏通等手段来制造过程中的顺畅通道。

对两人的政治手法及本性上的差异,在两人手下均工作过的小泽一郎(现自民党首领)作过如下评述:

"以棒球比赛而言,田中属于'先见'型,就像他的直来直去的讲话方式一样,不管对手如何,均投直线形球。然后,根据回来的反应做出决断结论,最后,找准落点。而竹下呢,完全相反,自己不投球,也不明确表态,而是注意听别人的,然后接受各方来球,根据它的反应找到调和点。

如果有人问我属于哪一类型的话,我觉得应该是自己投球的那一类型,可能同田中比较接近吧。竹下的那种耐力和韧劲儿我虽然佩服,但是做不到。具体说来,比如,在执政党和在野党进行交涉时,能够让到的程度我会毫无保留地做出让步,然而做不到的事情,就会干脆地说'那做不到',而后肯定说到做到。就是说,我的手法比较单纯明了。不过,也有人说我'那家伙太傲慢'、'他是个武斗派'。(笑声)

说起田中同竹下的本性差异,田中属于大声训斥之后便若无其事的爽朗性格；而竹下呢，因为他不喝斥，所以我觉得倒让人有一种软刀子杀人的恐惧感。"

尽管两人在政治手法和本性上有差异，可是竹下说过："都说围棋、日本将棋之中有天才，可我觉得像田中的那种类似政治的直觉的东西也是天才。那一点是无人能够比拟的，但我想通过向他学习和自己的努力，或许可以赶上他吧。"

他所学到的，是下面要讲述的这一场外交谈判桌上的光景。

昭和46年（1971年）7月，在佐藤内阁最后的改组中，田中角荣没能继任自民党干事长，而是作为通产大臣入阁。竹下也作为官房长官入阁。

当时的情形是，一方面，佐藤荣作首相想通过万无一失地推进"冲绳返还"问题，使他的长期政权有个圆满的尾声；另一方面，觊觎"佐藤后任"的福田赳夫和田中的交锋在暗中呈白热化状态。佐藤还在这次改组中，将在后任问题上，从感情上较为偏向的福田作为外务大臣纳入了内阁。

可是，对佐藤来说，要想顺利推进冲绳返还谈判，在那之前必须清除一个大障碍。那就是长期以来作为悬案，横在日美两国之间的纤维谈判。若这个问题得不到解决的话，会为冲绳回归带来很大影响。于是，佐藤把这一问题的彻底解决，委托给了以行动力闻名的田中通产相。当时的美国第一次出现了贸易赤字，原因在于日本的电视以及纤维制品的大幅度出超。在纤维问题上，田中

的前任宫泽喜一通产相（原首相、前财务相）在那之前不久刚同美国谈崩了，所以这次交涉只许成功不许失败。

谈判进行得极其艰难。对美国提出的大幅度削减纤维制品出口的主张，日本方面确实存在无法接受的难处。如果对美出口大幅度减少的话，这将关系到国内纤维业者的生死存亡。更何况，当时正从固定汇率制向浮动汇率制过渡，以1美元兑360日元的汇率签订的合同要变为200多日元，这种汇兑差额损失就已经让出口商们叫苦不迭了。他们已经对此前的谈判表示出了愤怒："难道是要卖'线'买'绳'（冲绳）吗！"

这是担心日本方面会在纤维谈判中接受美国的主张，牺牲他们这些人的利益来求得冲绳的成功回归。

竹下在默默注视着田中的谈判手法。

田中身处左右为难的境地。但不愧是"果断而有行动力"的人物，他推出了极其大胆的解决方案。这是前任通产相宫泽以及在他之前的几任通产相都无法比拟的大胆想法。

"田中早就想好了'如果用钱能够解决的话，那就用钱解决'。就是给国内的纤维业者拿补偿金，即将纤维业者因削减出口而闲置不用的机器拆掉，一台机器补偿一定数额。这样计算起来，竟达到3000亿日元，这在当时是个相当惊人的数字。而田中却夸口说：'我已经当了三届大藏大臣，这点钱还是能拿出来的，小事一桩。'于是，就按这一方针，在得到佐藤首相首肯，并取得国内业者同意后,进入了同美国的谈判。尽管如此,在谈判中还是坚持住了拒绝大幅度削减的立场,最后,这场旷日持久的日美纤维谈判悬案事实上以日本的胜利而终于画上了句号。"(原通产省担当记者)

随着这一纤维谈判的最终解决,昭和47年(1972年)5月,日美间的冲绳返还协定顺利缔结,冲绳的施政权归还给了日本。这一"冲绳返还",无疑装饰了佐藤走下政治舞台的通道。

而田中呢,他在日美纤维谈判的政府间协定上签字之后,自言自语似的对心腹说:"这回,即将到来的总裁选举,我就领先福田一步了。佐藤也奈何不得啦!"

竹下对田中的高超的谈判手法,有茅塞顿开之感。他后来说:"田中那时的手法,使我在佐藤荣作传授给我的稳准之外,学到了什么是真正大胆的想法。同时,也使我认识到了外交谈判其实是国内问题。这使我在后来任大藏大臣期间,由于日本烧酒的酒税太低即将引起国际问题时,对撒切尔(原英国首相)所发的牢骚能够有很好的把握。她说喝酒会让人心情舒畅,但也会出现因喝过量而纠缠人讨人嫌的现象。这是由于酒精的度数而引起的问题,所以酒税应按酒精度数来定。她的话提醒了我:何不将这作为说服国内反对舆论的依据!结果,就是靠这个提高了酒税。这其实就是盗用了田中的智慧啊!"

6. 要运作组织，守住自己的地位，首要一点是要做"人事协调能手"

"任首相时的佐藤,总是有意回避谈论人事问题。原本就话语不多的佐藤,在提到人事问题时,会变得更加沉默寡言。而与此同时,他却一次又一次靠着出色的人事安排,确保了长期政权。虽然没有得到他的精心传授,但我觉得我的人事管理模式应该说是'佐藤式'的。"

竹下生前在笔者的采访中有过上述回答。

竹下似乎是从"恩师"佐藤荣作那里学到了作为人事管理真谛的"无言的宰相学"。因为哪怕是在一般企业,最高领导者地位能否得以维持,在很大程度上也是取决于人事状况。就是说,佐藤之所以能够圆满地实现7年零8个月的长期政权,在很大程度上取决于他那巧妙的人事手法。

佐藤体制的特征是由"长于派系事务的实干家"田中角荣、"经济专家"福田赳夫、"善于协调"的保利茂、"政策制定者"爱知揆一,再加上"忠臣"桥本登美三郎这五大支柱所支撑,尤其以其中的田中、福田、保利这三大支柱为依靠。

佐藤时刻不忘让这三大支柱处于竞争、牵制、均衡之中。他不允许三人中的任何一个冒尖，假如田中作为干事长实力有所增强，即将威胁到自己的话，就将他打发到闲职上去，而将受冷遇的福田提拔上来。也有将田中、福田都提拔上来，让他们互相牵制，以削弱彼此的力量；或者干脆让田中、福田都靠边儿站，而让保利当干事长的时候。总之，他把"制约与平衡"这一人事基本原理运用得游刃有余。

在前一项中提到，在佐藤内阁的最后一次改组中，把在暗中激烈争夺"佐藤后任"的福田和田中两个人一个任命为外务大臣，一个任命为通产大臣，以保持均衡，也是出于同样的考虑。结果，通过均衡协调地任用福田和田中，实现了"冲绳返还"以及必不可免的日美纤维谈判的彻底解决，从而装饰了自己退场的通道。

竹下从佐藤那里学来的"无言的宰相学"，在昭和62年（1987年）10月，即自己的竹下内阁成立时派上了用场。

首先，他事前向自民党内通报了竹下人事制度的"三原则"。这"三原则"是：一、优先重用实干而又不争功的人；二、暗中拖别人后腿的人不用；三、猎取官位的人不用。此外，竹下还公开声明，自己将努力实现彻底的派系均衡内阁，以杜绝来自任何一派的不满。

此外，凡事"谋划、谋划、再谋划"的竹下，在决定阁僚人事安排之前的干事长等党内三要职的人事安排上，在幕后进行了精心

的布阵。力求做到责任分明，不扰乱政权前进的脚步。这是他最为高明之处。

干事长安倍晋太郎是同届进入国会以来的"盟友"，对他尽可以放心。问题是宫泽派（当时）的伊东正义总务会长、中曾根派（当时）的渡边美智雄政调会长这两个人选。

伊东总务会长，在当时竹下新内阁最大悬案的税制改革问题上，肩负着如何取得党内共识的重任。伊东在竹下政权之前的中曾根（康弘）政权之下，作为政调会长，曾是推进自民党"销售税"的最高负责人。虽然"销售税"后来遭受了败退的命运，但由于伊东在在野党对策上进行了一番奋战苦斗，不仅顺利地进行了终战处理，而且成功地将因"销售税"而受挫的中曾根政权的创伤控制在了最低限度内。在在野党对策上，就连一直采取自他并重态度的竹下，也不得不对伊东的能力甘拜下风。竹下期待着有如此能力的伊东再一次对执政党和在野党就进行税制改革做好鼓动和协调工作。

渡边政调会长，曾任过两届藏相，是同竹下一道在铃木（善幸）、中曾根两内阁中为财政再建而不辞辛苦地工作的"战友"，有着很强的财政运营能力，而且，将来掌握政权的动机也比较强烈。在竹下看来，将渡边放在决定自己政权成败关键的税制改革的负责人位置上，他一定会竭尽全力地工作。因为，作为渡边掌握政权的条件，少不了最大派系竹下派的支持；再说，作为政调会长,如果"失败"了,那将是不可原谅的。此外,竹下也洞察到了中曾根为了保持引退后的影响力,会鼓励渡边全力协助自己。因为通过同竹下的合作,中曾根的影响力也能够得以维持。

此外,当时作为大藏大臣入阁的宫泽喜一和渡边这对搭档,万一税制改革失败,那么无论想伺机成为"竹下后任"的宫泽还是渡边,都将难逃责任。那样,对竹下来说,就可以成功地摆脱掉对自己政权构成威胁的两个人。当然,税制改革成功的话,对竹下来说是最好不过的了。

这样,宫泽藏相、伊东总务会长所属的宫泽派、渡边政调会长所在的中曾根派就等于被竹下扣了"人质",在以后的一段时间里,不得不对竹下政权表示恭顺。

此外,竹下在阁僚人事方面,如第三章中所提到的那样,还周到而细致地考虑到了对以往运气不佳者进行"损失补偿"。

与之相对,继森喜朗首相之后,在舆论的大力支持下登上首相宝座的小泉纯一郎,则根本不顾什么派系均衡,就断然进行了内阁人事安排。

的确,很多人会对这种前无古人的果敢的人事风格拍手称快。然而,对组织来说,欠周到、细致考虑的人事安排,不久将难以运作。在人事手法上,同承袭了佐藤式的竹下完全相反的小泉政权,至于它"将来的走势"如何,我们只能拭目以待。

7. 去留进退的"退",应以"公众利益六成,私情四成"作为决断依据

此外,竹下还从佐藤那里学到了最高权力者对孤独的排遣方法以及对去留进退,尤其是"退"的处理方式。

竹下在笔者的采访中曾这样回顾说:

"在佐藤政权末期,我饱览了一国领袖所忍耐的孤独。那段时间,我经常看见他在首相官邸的内客厅里,深夜一个人用扑克牌算卦,还经常看见他专心地抄写般若心经。佐藤曾这样对我说:'包括你在内,一般来我这儿谈事儿的人,说的大都是听起来顺耳的事,不好的事儿,谁也不会拿到我这儿来的。这样一来,就难免陷入独断的危险。真正为国家、国民考虑的话,独断是最可怕的。因此,必须时刻保持心境平和。其实不管是摆扑克牌还是抄写经文,为的都是这个目的呀。'就是说,他让我知道了对于一个政治家和领导者来说,'沉默和忍耐'有多重要。

此外,这段话我也记忆犹新,就是他对我说过的'为官者的进退,尤其是退,应该是在某一天的某一刻,突然做出决定。因为一旦说出口,威信就没有了'。在我刚任官房长官之后不久,发生了

这样一件事儿,就是当时的警视总监原文兵卫(原参议院议长),不小心走漏了自己正考虑着要给晚辈让路的话。佐藤当即对我说:'这件事对原君很不好,一旦被人们说来说去的,威信就没有了。你要立刻去接受他的辞呈。'在这里,他教给了我该如何退。"

下面,首先谈一下最高权力者的孤独。

如,关于社长和副社长的区别,两位经营者谈了这样的感想:

"干十年副社长,同干一年社长完全是两码事儿。有了麻烦的时候,副社长可以一句'社长您看……'就一推了之,决断力、危机意识都不一样。孤独感、寂寥感,这些在社长身上表现得尤为强烈。无论干过多少年副社长,也未必能胜任社长。"(堤义明 西武铁道集团总裁)

"旭合成工业原社长宫崎辉,当年任社长时经常说:'我当副社长的时候,也一直在认真考虑旭合成的事,常常是躺在床上想着想着就进入了梦乡。然而,当了社长之后,同以往一样,还是脑子里想着公司的事,可是这回躺下之后,却越来越精神,一直到早上都睡不着。社长和副社长,就有这么大的差异。只有自己当了社长,才能体会到这一点。'副社长虽也考虑很多事情,但将计划报到社长那里就算完成任务了,而社长必须一个人做出决断。这是极其孤独而艰辛的工作。"(《人学》)

德国哲学家叔本华也说过"孤独是一切伟人的宿命"。还有那位"三支箭"的毛利元就(1497-1571年,战国时代的武将。——译者

注）也说过"智胜于万人，对天下之治乱盛衰得开心者，无一真友于世"。还有，《易经》中也写道"君子当居安思危，居存思亡，居治思乱，以安身保国"。

这些告诫我们，优秀的最高当权者或领导者，随时都可能面临严重事态。所以在孤独中，不能忘了紧迫感，更不能忘了做好随时应对"不测事态的准备"。据说关于这些，竹下从佐藤那里得到了指教。

接下来，谈一下领导者的去留进退，尤其是"退"的处理方式的重要性。

"退"从两个意义上来说，是极其"人性化的活动"，所以有着非常的难度。首先，必须战胜自己的权力欲。因为，一度尝到了权力的人，都会身不由己地想方设法保存这种权力，这也许是人性的悲哀吧。无论看过多少书，听过多少贤达之言，都无济于事。人的欲望就是这样难以对付。所以要想在某处作一个清算的话，首先必须战胜自我的这种"人性心理"。

还有一个，就是退了之后，必须要选后继者。有两种情形：其一，如果最高权力者或领导者有前面所说的保存权力之心的话，那么在人选问题上就要产生错位。另一种情形是，如果认定选了某个人，对公司、组织来说是最为理想的话，虽然对自己来说未必合意，也会不顾一切去选他。从这里也可以看出它的"人性化"特征，必须同自己心中的"恶魔"决战，因而非常不易。

如果对佐藤指点给竹下的关于"退"的话语进行具体说明的话,那就是越后长冈藩的知名老臣河井继之助所说的"进时在于人,退时决于己"这句话。那么,对此竹下又是如何领会的呢?

关于这一点,在笔者的采访中,竹下如此回答:

"人终究是软弱的。但我想至少必须以'公'占六成,'私'占四成这一比例来考虑自己的退和后继者问题,来做出决断。田中(角荣)也是个众说纷纭的人物,但他最后做决断时总是以'公众利益'占六成这一标准来做决定,这种公私比例的界线是很了不起的。田中之所以能够受人信赖,我觉得在很大程度上也取决于此。"

不过,竹下本人在辞职之际,事实上推举了有一定影响力的宇野宗佑作为"后继者"。然而,宇野首相就任不久,便因绯闻而一下子失掉了职位。说起来,对竹下来说,似乎没能战胜企图保存自己权力这一"恶魔"。从这里也正可以看出他在这一"人性化活动"中所表现出的私心杂念。

但是竹下本人的"退",是在利库路特公司未上市股转让问题(即通常所说的"利库路特案件"。发生于中曾根任内,于竹下上任后的1988年夏天曝光。性质是变相受贿案件,即政界人士以低价接受利库路特公司的未上市股票,待上市后获取暴利。这是继洛克希德案件后的又一重大受贿丑闻。以前首相中曾根为首,在自民党五大派系中,有四个派系的领袖被卷入其中。迫于该事件的压力,执政不到一年半的竹下内阁无奈

辞职。——译者注)曝光之后，于平成元年(1989年)6月，以内阁总辞职的形式，不足两年便隐退了的。"其实政权还不至于就此完结，结果是竹下为确保自己制定的平成2年(1990年)度预算案的实施而辞职的。预算直接关系到国计民生，这个责任必须履行。也就是说，是出于对'公'六成的优先考虑。他亲口对我说过'是我自己辞的'。我觉得这一点应该给予肯定。"(同竹下关系亲密的原政治部记者)

曾以硬汉子而闻名的土光敏夫——原经济团体联合会(经团联)会长说：

"社长，是一重任。如果让一心巴望当社长的人当，过后势必会起事端。最好从那些没有想当社长之心的人中去选后继者，甚至最好选愿意退的人。"

这说明，去留进退，知"退"是最为难得的。

参 考 文 献

《竹下政权 576 天》（后藤谦次·行研出版局）

《竹下登其人》（花冈信昭&小林静雄·行研出版局）

《竹下总理 <数据大全> 》（时事通信社政治部·时事通信社）

《政治是什么　竹下登回忆录》（竹下登·讲谈社）

《政与官》（后藤田正晴·讲谈社）

《总理大臣竹下登》（菊池久·人民社）

《证言保守政权》（竹下登·读卖新闻社）

《田中角荣面面观》（自由国民社编辑部·自由国民社）

《人学》（伊藤肇·PHP 研究社）

《早稻田雄辩会》（丰田行二·实业之日本社）

《佐藤政权 2797 天》（楠田实·行研出版局）

《情与理》（后藤田正晴·讲谈社）

《马基雅维里语录》（盐野七生·新潮社）

《战后政治史》(石川真澄·岩波书店)

《经世会竹下学校》(大下英治·讲谈社)

《2001年的首相候补生》(时事通信社政治部·时事通信社)

《朝日》、《读卖》、《产经》各报的过刊